U0139578

US NAVY CARRIER AIRCRAFT
VS
IJN YAMATO-CLASS BATTLESHIPS

Pacific Theater 1944–45

火枪手阅读计划
Reading Plan of Musketeers

机械工业出版社
CHINA MACHINE PRESS

鱼鹰军事经典译丛

二战巅峰对决

猎杀大和级战列舰

【英】马克·斯蒂尔（Mark Stille） 编著

张玉龙 张文栋 石 磊 李 萍 等译

王大风 审校

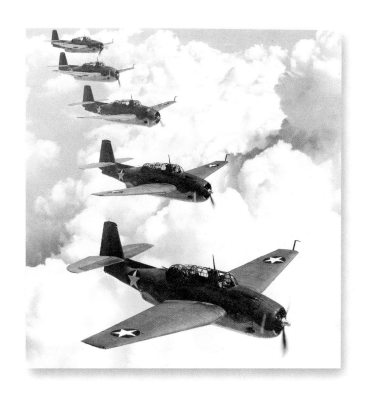

机械工业出版社

CHINA MACHINE PRESS

《二战巅峰对决：猎杀大和级战列舰》在详细介绍以SB2C"地狱潜行者"俯冲轰炸机和TBF"复仇者"鱼雷轰炸机为代表的美国海军航母舰载机，以及日本帝国海军大和级战列舰的研发背景和性能特点的基础上，分析了1944—1945年的太平洋战场形势，梳理了美国海军航母舰载机部队的编制、训练及战术，全景剖析了美国海军航母舰载机部队针对日本帝国海军"武藏"号和"大和"号战列舰开展的空袭行动。

本书由英国权威战史专家马克·斯蒂尔撰写，作者立足保存至今的战时资料，力求以严谨、专业、客观的视角，还原空袭"武藏"号和"大和"号战列舰行动的真实情况。此外，作者还精选了近百幅珍贵历史照片以及多幅彩绘场景图和示意图，极具观赏和收藏价值。

本书是广大军事爱好者、历史爱好者和模型爱好者不可错过的经典军事科普读物。

US NAVY CARRIER AIRCRAFT VS IJN YAMATO CLASS BATTLESHIPS:Pacific Theater 1944—45/by Mark Stille/ ISBN: 978-1-4728-0849-3

图书在版编目（CIP）数据

二战巅峰对决：猎杀大和级战列舰/（英）马克·斯蒂尔（Mark Stille）编著；张玉龙等译.—北京：机械工业出版社，2021.8
（鱼鹰军事经典译丛）
书名原文：US Navy Carrier Aircraft vs IJN Yamato Class Battleships
ISBN 978-7-111-68248-6

Ⅰ.①二… Ⅱ.①马… ②张… Ⅲ.①第二次世界大战 – 史料②海战 – 第二次世界大战战役 – 史料 – 美国　Ⅳ.① K152 ② E712.9

中国版本图书馆 CIP 数据核字（2021）第 094647 号

机械工业出版社（北京市百万庄大街 22 号　邮政编码 100037）
策划编辑：孟　阳　责任编辑：孟　阳
责任校对：张　力　责任印制：张　博
北京利丰雅高长城印刷有限公司印刷
2021 年 7 月第 1 版第 1 次印刷
184mm×260mm·5.25 印张·2 插页·163 千字
0 001—3 000 册
标准书号：ISBN 978-7-111-68248-6
定价：58.00 元

电话服务　　　　　　　网络服务
客服电话：010-88361066　机 工 官 网：www.cmpbook.com
　　　　　010-88379833　机 工 官 博：weibo.com/cmp1952
　　　　　010-68326294　金　书　网：www.golden-book.com
封底无防伪标均为盗版　机工教育服务网：www.cmpedu.com

翻译说明

通常而言，第二次世界大战期间的军舰和军用飞机大多有相对固定的中文译名，但也有例外，这里特别指出两例。其一，美国海军埃塞克斯级航母的3号舰，舷号CV-11，英文名为Intrepid，中文资料有译为"勇猛"的，也有译为"无畏"的。由于本书部分内容提及美国海军道格拉斯SDB俯冲轰炸机（英文名为Dauntless，通常译为"无畏"），以及更为读者所熟知的无畏舰（Dreadnaught），为避免影响阅读理解，我们选择将Intrepid译为"勇猛"。其二，本书的主角之一，美国海军SB2C俯冲轰炸机，英文名为Helldiver，中文译名则五花八门，有"地狱俯冲者""地狱潜行者""地狱潜行鸟"等。由于译为"地狱俯冲者"会导致与机种名重复，影响阅读体验，而译为"地狱潜行鸟"则难免使人联想到白垩纪的黄昏鸟（Hesperornis，体态和动作都非常笨拙，与俯冲轰炸机的形象相差甚远），我们选择将Helldiver译为"地狱潜行者"。

另一个容易使读者困惑的问题，是美国海军埃塞克斯级航母的命名。第二次世界大战期间，有多艘埃塞克斯级航母沿用了数艘战沉于1942年的已除籍航母的名字，但变更了舷号。本书提及的1942年之前入役的美国海军航母，除"企业"号（USS Enterprise，CV-6）和"萨拉托加"号（USS Saratoga，CV-3）外，均未能幸存到1944年。下表罗列了沿用已除籍航母名字的埃塞克斯级航母。

中文名	英文名	已除籍航母舷号	新航母舷号
约克城	Yorktown	CV-5	CV-10
大黄蜂	Hornet	CV-8	CV-12
列克星敦	Lexington	CV-2	CV-16
黄蜂 / 胡蜂	Wasp	CV-7	CV-18

最后，简单说一说"大和"号和"武藏"号战列舰的军官军衔。在莱特湾海战之前，"武藏"号舰长猪口敏平和"大和"号舰长森下信卫一同晋升为少将衔，这在整场战争中是绝无仅有的，因为同期日本帝国海军大型水面舰艇指挥官的军衔通常是大佐。相应的，"武藏"号副舰长加藤宪吉是大佐衔。本书提及的"武藏"号轮机长中村泉三的军衔是机关大佐。在日本帝国海军中，同一级军衔下，作战军衔最高，然后依次是机关军衔、通信军衔、主计军衔和其他兵种军衔。希望读者在阅读相关内容时留意以上问题。

参与本书翻译工作的有张玉龙、张文栋、石磊、李萍和严晓峰。

目 录

引言

战列舰在19世纪末投入战场后，很快成为衡量各国海军实力的重要砝码。诞生在20世纪初的"无畏"号战列舰（HMS Dreadnought）采用了划时代的设计，以至于此后问世的战列舰都被冠以"无畏舰"之名。在当时的技术条件下，无畏舰堪称最强大的战争机器，它在火力、防护性、航速与航程上取得了近乎完美的平衡，在全球性威慑和打击任务中游刃有余。

随后，一股无畏舰的建造风潮席卷全球，进而引发了一系列疯狂的军备竞赛，这正是第一次世界大战的诱因之一。同时，无畏舰也见证了一向以海上强国自居的英国与后起之秀德国，在北海爆发的一系列战事。战争爆发前，绝大多数海军将领和观察家们都预测无畏舰将在北海海权争夺战中扮演关键角色。但实际情况是，在英国皇家海军与德国海军的冲突中，只发生过一次真正意义上的无畏舰对战（还有一次战斗发生在无畏舰的"表亲"战列巡洋舰之间）。这显然难以为无畏舰正名。背后的原因也许很简单，纵使无畏舰坚不可摧，也没有哪个国家敢冒险将这种昂贵的战争机器随意地置于变幻莫测的战争漩涡中。

第一次世界大战结束后的很长一段时间里，战列舰一直扮演着海洋霸主的角色。当然，相关技术的发展步伐也从未停滞。设计师们统筹考虑了来自鱼雷和水雷的水下威胁，以及其他水面舰艇的威胁，使新一代战列舰的综合防护性有了长足进步。

第一次世界大战改变了海上军备竞赛的局势，战前是英、德双方角力，战后则演变为美、日、英三方角力。三大军事强国都在紧锣密鼓地推进吨位更大、战斗力更强的新型战列舰的设计建造工作。其中，美国的在研和开工量可谓一家独大，不仅令日本帝国海军黯然失色，甚至超越了昔日霸主英国皇家海军。在群雄逐鹿的背景下，沉重的财政赤字压力使列强们不得不开始商讨削减海军武备，由此催生了1922年正式生效的《华盛顿海军条约》（Washington Naval Treaty），对五个缔约国（英、美、日、法、意）的战舰总吨位做出了严格限制。

日本人不得不接受一个沮丧的事实，他们的战舰总吨位只能是美国或英国战舰总吨位的五分之三。直到1937年条约时代结束，他们才有机会奋起直追。为尽快弥补规模上的不足，日本人选择另辟蹊径，建造一级"超级战列舰"，以期从单位战斗力上压倒所有海军列强的现役战舰。这就是大和级战列舰的研发初衷。

战列舰显然是海军列强互相角力的主要筹码。与此同时，航空母舰作为一种全新概念的战舰，也悄然走上历史舞台。初出茅庐的航母并不引人瞩目，它们要么只能搭载水上飞机，要么就只有供小型舰载机起飞的狭窄甲板。那些孱弱的早期舰载机难堪大任，无法对战列舰形成有效威胁。不过，美、英、日等海军强国并没有因此放弃航母的研发工作。事实上，他们都在利用因《华盛顿海军条约》限制而遭废弃的战列舰和战列巡洋舰的舰体来改造航母。这一阶段的航母已经能搭载规模可观的舰载机，成为不容忽视的海上作战平台。而舰载机也在不断发展，航程增长的同时，携载武器的重量也有了显著提升。到20世纪30年代，航母已经展现出将战列舰赶下神坛的潜力。

第二次世界大战爆发后，航母的主导地位愈发显著。英军航母在地中海战区发挥了关键作用，协助其他战舰成功消灭了德军的"俾斯麦"号战列舰（KMS Bismarck）。1941年12月，日本帝国海军航母编队对美国海军太平洋舰队的主要基地珍珠港发起空袭，更使航母的威力展露无遗。这次空袭中，日军舰载机取得了击沉5艘、击伤3艘战列舰的傲人战绩。尽管那些惨遭涂炭的战列舰大多停泊在港湾里，但无可辩驳的是，它们在高强度的空袭中几无还手之力。

美国海军从珍珠港事件中吸取了教训。自太平洋战争开始，航母成为他们的主要打击力量。战前的美军航母部队规模并不大，只有7艘舰队航

▼ 1941年10月，正在海试中的日本帝国海军"大和"号战列舰。图中可见其优美的舰体线形，以及具有一定倾斜角度的舰艏和烟囱

母（其中仅有 6 艘适合在太平洋战区作战）。在太平洋战争爆发后的最初一年半里，美军航母抵挡住了日军的进攻狂潮，尽管自身也损失惨重，但瓜达尔卡纳尔岛（位于所罗门群岛南部的一个岛屿）战役的胜利，为他们开启了直捣东京的征途。美军在 1942 年损失了 4 艘航母，仅仅 1 年后，第 1 批埃塞克斯级航母（Essex Class）便补充入列。与此同时，新型舰载战斗机、俯冲轰炸机和鱼雷轰炸机也陆续取代了战前机型。那些埃塞克斯级航母无疑是靠工业潜力赢得战争的最佳例证。

随着太平洋战争的推进，日军航母部队开始急剧萎缩。但他们尽力保住了战列舰，特别是两艘大和级战列舰，以备与美国海军决一死战。1944 年年中，美军航母编队在马里亚纳海战中剿灭了日军航母编队。下半年，当美国海军向日本本土步步逼近时，日本帝国海军被迫摆出了决死阵容——以两艘大和级战列舰为首的水面舰艇编队。最强大的航母编队将与最强大的战列舰编队殊死一战。

▼ 1945 年 5 月，停放在"埃塞克斯"号航母（USS Essex, CV-9）飞行甲板上的第 83 航空大队（Air Group 83）所辖舰载机。美国海军习惯在航母的飞行甲板上停放舰载机。图中可见"地狱猫"战斗机、"复仇者"鱼雷轰炸机和"地狱潜行者"俯冲轰炸机，它们都参与了 1944—1945 年对日本帝国海军水面舰艇编队的打击任务

大事年表

1934 年
10 月   日本帝国海军舰政本部开始设计新型超级战列舰。

1935 年
5 月 27 日   美国海军 Mk 13 航空鱼雷开展首次空射试验。

1936 年
7 月   日本帝国海军批准建造"大和"号和"武藏"号战列舰。

1937 年
3 月   大和级战列舰的设计方案修订完成。
11 月 4 日   "大和"号战列舰铺设龙骨。

1938 年
3 月 29 日   "武藏"号战列舰铺设龙骨。
夏天   Mk 13 航空鱼雷列装美国海军前线部队。
8 月   美国海军开始为新型舰载侦察 / 轰炸机招标，并公布技术规格。该项目最终发展为 SB2C "地狱潜行者"俯冲轰炸机。

1939 年
3 月 25 日   美国海军开始为新型舰载鱼雷轰炸机招标，并公布技术规格。
5 月 15 日   美国海军在 SB2C "地狱潜行者"俯冲轰炸机首飞前向柯蒂斯公司（Curtiss）订购了 370 架。

1940 年
8 月 8 日   "大和"号战列舰下水。
11 月 1 日   "武藏"号战列舰下水。
12 月   美国海军订购了 286 架格鲁曼公司（Grumman）的 TBF "复仇者"舰载鱼雷轰炸机。
12 月 18 日   "地狱潜行者"俯冲轰炸机原型机 XSB2C-1 首飞成功。

1941 年
8 月 7 日   TBF "复仇者"鱼雷轰炸机原型机 XTBF-1 首飞成功。
12 月 16 日   "大和"号战列舰入役。

格鲁曼公司 XTBF-1 原型机的等比例模型，其垂直尾翼前方没有背鳍。无背鳍版 XTBF-1 原型机进行了一两次试飞。生产型"复仇者"鱼雷轰炸机都加装了背鳍，以提高飞行稳定性

1942 年

1 月	首批生产型 TBF "复仇者" 鱼雷轰炸机交付美国海军。
4 月	首批 TBF "复仇者" 鱼雷轰炸机进入美国海军航母编队服役。
6 月	TBF "复仇者" 鱼雷轰炸机在中途岛海战中亮相。
6 月 30 日	生产型 SB2C "地狱潜行者" 俯冲轰炸机首飞成功。
8 月 5 日	"武藏" 号战列舰入役。
12 月 15 日	首架生产型 SB2C "地狱潜行者" 俯冲轰炸机交付美国海军航母舰载机中队。

1943 年

12 月 25 日	美国海军 "鳐鱼" 号潜艇（Skate, SS-305）发射的一枚鱼雷击中日本帝国海军 "大和" 号战列舰，破坏了它的水下防御系统。

1944 年

10 月 18 日	日本帝国海军发起旨在防卫菲律宾的 "捷一号" 作战计划（Sho-1 plan），编有 "大和" 号和 "武藏" 号战列舰的第 1 游击部队（First Diversion Attack Force）离开新加坡附近的林加泊地（Lingga）。
10 月 20 日	美军在菲律宾莱特岛（Leyte）登陆。
10 月 22 日	日本帝国海军第 1 游击部队补充燃料后，离开文莱（Brunei）驶向莱特岛。
10 月 24 日	锡布延海战（Battle of the Sibuyan Sea）爆发，250 余架美国海军舰载机向日本帝国海军第 1 游击部队发起进攻，击沉了 "武藏" 号战列舰。
10 月 25 日	萨马岛海战（Battle of Samar）爆发，莱特湾海战进入白热化阶段，

日本帝国海军 "大和" 号战列舰的 18.1in（460mm）口径主炮仅向美国海军战舰发起了一次射击。

1945 年

3 月 19 日	美国海军第 58 特混舰队（Task Force 58）的航母舰载机在濑户内海（Inland Sea）向日本帝国海军 "大和" 号战列舰发起攻击，"大和" 号未受损。
4 月 5 日	日本帝国海军决定让 "大和" 号战列舰参加自杀性的 "天一号" 作战行动（Operation Ten-Go），以抗击冲绳（Okinawa）外海的美国海军舰队。
4 月 6 日	"大和" 号战列舰离开濑户内海，驶向冲绳。
4 月 7 日	"大和" 号战列舰在中国东海（East China Sea）遭到美国海军三个波次的空袭（分别由第 58 特混舰队所辖第 1 特混大队、第 3 特混大队和第 4 特混大队发起），受重创后沉没。

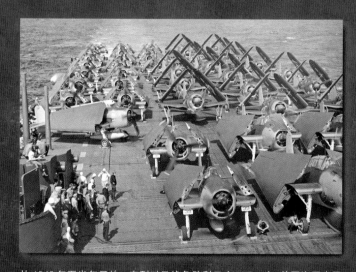

从 1943 年下半年开始，直到对日战争胜利日（VJ Day），美国海军太平洋舰队快速航母特混舰队的舰载机都采用图示的停放方式。这幅照片摄于 1944 年初，第 6 航空大队的战机（包括 VF-6 中队的 F6F "地狱猫" 战斗机、VT-6 中队的 TBM "复仇者" 鱼雷轰炸机和 VB-6 中队的 SB2C "地狱潜行者" 俯冲轰炸机）正在起动发动机，准备从 "勇猛" 号航母（USS Intrepid, CV-11）上起飞

设计与演变

美国海军航母航空大队

太平洋战争爆发之初，美国海军航母的航空大队下辖4个舰载机中队：战斗机中队、侦察机中队、俯冲轰炸机中队和鱼雷轰炸机中队。其中，侦察机中队与轰炸机中队装备同型战机，即道格拉斯公司（Douglas）的SDB"无畏"侦察/俯冲轰炸机。到战争后期，两个中队合二为一。标准编制的舰载机中队装备有18架战机。由于这一编制规模难以应付对日作战，自1942年中期开始，每个舰载机中队的编制规模都有所增大。

太平洋战争初期的经验表明，俯冲轰炸机是航母舰载机编队里真正的进攻中坚。当时，美军鱼雷轰炸机中队装备的道格拉斯TBD-1"蹂躏者"（Devastators）已经落伍，配装的Mk 13航空鱼雷性能也不可靠。1942年中期，在格鲁曼公司的TBF"复仇者"鱼雷轰炸机取代"蹂躏者"后，情况有所改观。但直到1944年，Mk 13航空鱼雷仍旧问题缠身。这意味着，美国海军航空兵在对付日本帝国海军战列舰时会面临极大挑战。俯冲轰炸机的投弹高度往往较低，炸弹缺乏足够动能，难以穿透战列舰有装甲保护的甲板。美军的俯冲轰炸机至多能击伤日军战列舰，而很难击沉它们。因此，面对大和级这样的对手，美国人需要一种更有效的鱼雷。

1943年8月投入战场的埃塞克斯级航母，

▲ "约克城"号航母（USS Yorktown, CV-10,属埃塞克斯级航母，为纪念在中途岛战役中被击沉的 CV-5 "约克城"号航母而命名，译者注）在1944 年的大部分时间里都采用炫目迷彩涂装。这幅照片摄于 1944 年 10 月初，"约克城"号刚完成为期两个月的大修，正停泊在华盛顿普吉特海湾（Puget Sound），准备向南前往加利福尼亚阿拉米达（Alameda，旧金山湾内的一座小岛，译者注）的海军航空站，与舰载机部队会合。1945 年 4 月 7 日，"约克城"号在猎杀"大和"号战列舰的作战行动中搭载的是第 9 航空大队

对扭转太平洋战争的局面发挥了重要作用。总计 24 艘埃塞克斯级航母建成服役，其中 14 艘参与了第二次世界大战。作为快速舰队航母，埃塞克斯级的满载排水量达 36000t，可搭载超过 90 架战机。作为对埃塞克斯级的补充，美军还建造了 9 艘满载排水量为 14700t 的独立级（Independence Class）轻型航母，可搭载 33 架战机，包括 24 架战斗机和 9 架鱼雷轰炸机。美军的所有舰队航母和轻型航母都装备了有效的防空武器和现代化电子通信系统。在源源不断的后勤补给物资的支持下，美军航母从单纯的空袭平台转变为特混舰队的核心力量。而特混舰队也得以在太平洋中部的任何海域从容且持续地活动。

埃塞克斯级航母的舰载机力量随着太平洋战事的推进不断发展壮大。到 1944 年，舰载战斗机中队编制有 36 架战斗机，舰载俯冲轰炸机中队编制有 36 架俯冲轰炸机，舰载鱼雷轰炸机中队编制有 18 架鱼雷轰炸机。1944 年 7 月 31 日，美国海军决定将俯冲轰炸机中队的编制规模削减到 24架，战斗机中队的编制规模增加到 54 架，而鱼雷轰炸机中队的编制规模则保持不变。在莱特湾战役中，当美军航母编队遭遇日本帝国海军水面舰队时，埃塞克斯级航母的舰载机部队尚处于转型阶段。

1944 年 12 月，来自日本神风特攻队的威胁不断加剧，美国海军及时调整了航母舰载机编制，以强化防空能力：战斗机中队的编制规模进一步增加到 73 架，俯冲轰炸机中队和鱼雷轰炸机中队的编制规模则同时削减到 15架。然而实战表明，规模如此庞大的战斗机中队在作战运用上缺乏灵活性，因此，到 1945 年 1 月，美军再次做出调整，将原有的战斗机中队拆分为战斗机中队和战斗轰炸机中队，每个中队编制有 36 架战机。1945 年间，有两艘航母的航空大队派出俯冲轰炸机中队参与了对陆打击任务，实际混编了93 架战斗机和 15 架鱼雷轰炸机。

美国海军鱼雷轰炸机

在美军航母舰载机部队的装备序列中，鱼雷轰炸机无疑是打击战列舰一类大型水面舰艇的主力。然而，在相当长的一段时间里，美军的制式鱼雷轰炸机明显缺乏与任务需求相称的能力。日军偷袭珍珠港前，美军的制式鱼雷轰炸机是 TBD-1"蹂躏者"。这型战机于1937 年入役，头顶美国海军"第一型单翼舰载机"和"第一型全金属机身舰载机"双重光环。它具有现代化的气动设计、全封闭式驾驶舱和电动可折叠机翼。遗憾的是，当太平洋战争爆发时，

▲ 这幅照片摄于 1942年 5 月 1 日，一架 TBM-1"复仇者"鱼雷轰炸机，它臃肿的身形展露无遗。3位机组成员的位置清晰可见（驾驶舱后座机枪手位于电动机枪塔内）。球形电动机枪塔和机腹机枪也一目了然

它已成明日黄花。1942 年 6 月的中途岛战役中，"蹂躏者"鱼雷轰炸机中队遭到了日本帝国海军 A6M 零式战斗机群的"疯狂屠杀"，几乎全军覆没。所幸，美军此时已经为"蹂躏者"找到了合适的替代者——TBF"复仇者"。

TBF"复仇者"鱼雷轰炸机的研发工作始于 1939 年 3 月。美国海军当时提出的技术规格包括：最大平飞速度 300mile/h（260kn，483km/h），最大航程 3000mile（4828km），武器内置，前向和后向机枪各 2 挺（在量产型"复仇者"上，格鲁曼公司工程师奥斯卡·奥尔森与通用汽车公司合作，将 1 挺机枪安置在驾驶舱后部的电动机枪塔内）。格鲁曼公司凭借出色的XTBF-1 设计方案在竞标中胜出。1940 年 12 月，美国海军迫不及待地下达了采购 286 架 TBF 的订单。

TBF 的研发进展可谓径情直遂。在总工程师鲍勃·霍尔（Bob Hall）的带领下，格鲁曼设计团队仅用 5 个星期时间就完成了总体设计。TBF 配装了成熟可靠的 1700hp（1268kW）莱特（Wright）R-2600-8 星型活塞发动机。尽管大腹便便的机身、棱角分明的机翼和突兀的尾翼使 TBF 看起来并不优雅，甚至因此被官兵们昵称为"火鸡"（Turkey），但它在各项性能上完全满足了美国海军的要求，而且非常实用。根据技术规格要求，TBF 的驾驶舱后部电动机枪塔内安置了 1 挺 0.5in（12.7mm）口径勃朗宁 M2 机枪，机腹后部安置了 1 挺 0.3in（7.62mm）口径勃朗宁 M1919 机枪。此外，早期型在机首安置了 1 挺 7.62mm 口径机枪，后期型改为在两侧机翼各安置 1 挺12.7mm 口径 M2 机枪。

TBF 最大的设计亮点莫过于格鲁曼公司研发的机翼倾斜转轴折叠机构，这使美军航母的载机量成倍提高。TBF 的正常翼展是 54ft 2in（16.51m），机翼折叠后翼展会大幅减小到 18ft 4in（5.59m）。随后问世的 F4F-4"野猫"战斗机（Wildcat）和 F6F"地狱猫"战斗机（Hellcat）都采用了相同结构的折叠机翼。

TBF 原型机于 1941 年 8 月 7 日首飞成功，但在完成多次试飞后于同年11 月 28 日不幸坠毁。所幸研发进程并没有因此延误太久。彼时，战争已经爆发，由于手中堪用的"蹂躏者"鱼雷轰炸机数量有限，美国海军对 TBF的需求十分迫切。生产型 TBF 于 1942 年 1 月正式投产。格鲁曼公司的产能在当年年底就超过了 100 架 / 月，但仍然无法满足美军需求。这种情况下，

▼ 下页图：1945 年 1—6 月间，这架 TBM-3"复仇者"鱼雷轰炸机隶属驻"邦克山"号航母（USS Bunker Hill，CV-17）的第84 航空大队 VT-84 中队。同年 2 月，VT-84 中队参加了轰炸东京行动，4 月又参加了空袭"大和"号战列舰行动。扎眼的黄色机首是 VT-84 中队战机执行轰炸东京任务时的识别特征，这一涂装方式保持了数周。位于垂直尾翼和右侧机翼上的箭头，是第84 航空大队的识别标志

TBM-3 "复仇者" 鱼雷轰炸机

40ft（12.19m）

16ft 5in（5m）

54ft 2in（16.51m）

1942年下半年，通用汽车公司应美军要求也开始投产"复仇者"，型号名相应变更为TBM。最终，两家公司共生产了2291架TBF和7546架TBM。

1942年4月，VT-8鱼雷轰炸机中队成为第一支接装"复仇者"的舰载机中队。当年6月的中途岛海战中，"复仇者"首次亮相，执行了对地任务。正如前文所述，中途岛海战见证了"蹂躏者"的溃败。此役过后，"复仇者"成为美国海军唯一的现役鱼雷轰炸机。无论从哪个角度衡量，性能可靠、生存力强的"复仇者"都堪称一型成功的鱼雷轰炸机，它因此成为美国海军史上产量最大的攻击/轰炸机。更重要的是，"复仇者"还是一位多面手，既能以鱼雷轰炸机身份遂行反舰任务，也能以普通轰炸机身份遂行对地打击任务。如果一定要吹毛求疵的话，"复仇者"存在的唯一问题就是配装了"无药可救"的Mk 13航空鱼雷。

▲ 1942年1月或2月，驻"大黄蜂"号航母（USS Hornet，CV-8）的VT-8中队飞行员正在诺福克海军航空站（NAS Norfolk）检查刚交付的第一批TBF-1"复仇者"鱼雷轰炸机。俯视视角能清晰地看到位于飞行员身后的投弹手位置。投弹手位置设有简单的飞行操纵装置，但由于并非必要，自第50架生产型之后便取消了这一设计。由于所辖的多数早期型"复仇者"都返厂改进机翼折叠机构，VT-8中队并没有随"大黄蜂"号航母参加太平洋战争

美国海军俯冲轰炸机

太平洋战争爆发时，美国海军的主力俯冲轰炸机是性能可靠、易于驾驶的道格拉斯SBD"无畏"式。由于老迈的"蹂躏者"鱼雷轰炸机和问题缠身的Mk 13航空鱼雷都难堪大任，"无畏"式俯冲轰炸机便责无旁贷地成为1942—1943年美国海军舰载机部队唯一有效的攻击武器。在中途岛海战中，"无畏"式为美军的最终完胜做出了不可磨灭的贡献。当然，"无畏"式并不完美，它的飞行速度较慢，而且最大载弹量只有1000lb（454kg）。

与日本人正面交锋前，美国海军正计划研发新一代俯冲轰炸机。1938年8月发布的招标书中明确了新型舰载侦察/俯冲轰炸机的技术规格：采用硬质蒙皮单翼构型；内置弹舱可挂载1000lb炸弹或其他弹药；同时满足俯冲轰炸和舰载需求［可折叠机翼、拦阻钩和弹射挂钩是必备项，另要求1台40ft×48ft（12.19m×14.63m）的航母升降机可同时容纳两架新型俯冲轰炸机］；两名机组成员；充足的燃油携载量，航程应超过"无畏"式；指定配装莱特R-2600型"旋风"（Cyclone）双排星型十四缸活塞发动机，飞行速度应超过"无畏"式。

位于纽约州布法罗市（Buffalo，New York）的柯蒂斯公司（Curtiss）拥有深厚的俯冲轰炸机研发经验，在项目工程师雷蒙德·C.布莱洛克（Raymond C. Blaylock）的带领下，他们承担了新型俯冲轰炸机的设计工作。机身尺寸成为设计师们要面对的第一个挑战：机身体积要足够大，以容纳更

多弹药和燃油；但又不能过大，否则将无法满足 1 台航母升降机同时容纳两架战机的要求。相互矛盾的设计目标困扰了他们很长一段时间。好在美国海军对柯蒂斯团队充满信心。由于需求格外迫切，1939 年 5 月 15 日，在柯蒂斯团队的原型机尚未首飞时，美国海军便下达了 370 架新型俯冲轰炸机的采购订单。

1940 年 12 月 13 日，柯蒂斯团队推出了原型机 XSB2C-1，并在 5 天后完成首飞。1941 年 2 月，原型机在试飞中因发动机停车坠伤。事后，柯蒂斯团队修复了原型机。但当年 12 月 21 日，该机终因机翼操纵机构失灵而彻底报废。此时，原型机存在的缺陷已经暴露无遗：航向稳定性差、结构脆弱且动力不足。柯蒂斯团队随即开始全力推进改进工作。

▲ SBD "无畏" 式俯冲轰炸机一直服役到 1944 年中期才彻底被 "地狱潜行者" 取代。客观而言，"无畏" 式坚固耐用、易于操纵，而且投弹精度很高，只是较短的航程和较低的飞行速度限制了它的任务弹性。图中，"约克城" 号航母上的空勤人员正举起方格旗，向一架隶属 VB-5 中队的 "无畏" 式发出起飞信号

1942 年 6 月 30 日，生产型 SB2C 首飞成功。碍于结构性缺陷，它在高速俯冲测试项目中问题频出。此外，由于相对原型机大幅增重，其最大飞行速度由 320kn（593km/h）陡降至 280kn（519km/h）。为解决上述问题，设计和工程人员累计进行了数百项改进，生产进度因此放缓。同年 12 月 15 日，美军舰载机中队接收了第一批生产型 SB2C，但此时的 "地狱潜行者" 实际上并没能达到设计要求。大多数驾驶过 "无畏" 式的飞行员都认为 SB2C 不如前者。1943 年年初，SB2C 正式上舰服役，但仍然无法执行远

▶ 1943 年 2 月，一架展翼翱翔的 SB2C-1 "地狱潜行者" 俯冲轰炸机。在 "约克城" 号航母上服役 3 个月后，SB2C-1 糟糕的低速操纵特性和低出勤率便已经让美国海军忍无可忍，为保障航母在战场上的正常部署，他们不得不重新启用 "无畏" 式俯冲轰炸机

洋作战任务。SB2C 糟糕的操纵特性让飞行员们怨声载道，甚至戏称它为"野兽"（Beast）。为此，在美军的督促下，柯蒂斯团队又开展了新一轮改进工作。

1944 年年初，摆脱了所有技术困扰的 SB2C-3 正式入役，列装了来自 13 艘舰队航母的 30 个舰载机中队（从未列装轻型航母的舰载机中队）。

尽管改进过程艰辛且漫长，但"地狱潜行者"很快便展现出远超"无畏"式的作战性能——投弹精度更高、生存能力更强。不过到战争后期，随着 F6F"地狱猫"和 F4U"海盗"（Corsair）等新型战斗机开始越来越多地扮演战斗轰炸机的角色，"地狱潜行者"在航母编队中原本无可替代的地位迅速变得岌岌可危。实际上，当战争结束时，一些航母航空大队已经撤销了"地狱潜行者"的编制。

▲ 1943 年 11 月 11 日，"邦克山"号航母（USS Bunker Hill, CV-17） 上空，两架 VB-17 中队的 SB2C"地狱潜行者"俯冲轰炸机在完成空袭拉包尔（Rabaul）任务后，正放下尾部的拦阻钩准备着舰

日本帝国海军大和级战列舰

大和级是人类迄今为止建造的排水量最大的战列舰。日本人在设计建造大和级时没有受到任何条件的制约，因此，"大和"号和"武藏"号得以在规格指标上"肆无忌惮"地碾压对手。两者都采用了最高水平的防护措施，并且在战争后期经受了实战考验。遗憾的是，彼时它们要面对的已经不是相对"弱势"的美国海军战列舰，而是遮天蔽日的舰载机群。

随着《华盛顿海军条约》的逝去，日本帝国海军终于能为所欲为，在痴迷"大舰巨炮"的不归路上狂奔。与此同时，摆脱条约束缚的美国海军也开始大规模建造新型战列舰，而且他们的行动速度令日本人望尘莫及。企图挑战美国海上权威的日本帝国海军，只能选择研制单位战斗力更强的

▼ SB2C-3"地狱潜行者"俯冲轰炸机换装了功率更大的发动机，一系列改进措施使它基本摆脱了早期型存在的顽疾。图中这架被高炮击伤的"地狱潜行者"隶属 VB-15 中队，刚降落在"埃塞克斯"号航母上。1944 年 5 月，该机参加了第 15 航空大队执行的第一次空袭任务，目标是马库斯岛（Marcus Island）

SB2C-3 "地狱潜行者" 俯冲轰炸机

36ft 9in（11.20m）

14ft 9in（4.50m）

49ft 9in（15.16m）

超级战列舰，用质量优势对抗美国人的规模优势。尽管表面上看日本帝国海军直到 1937 年 1 月才开始付诸行动，但实际上早在 1934 年 12 月，日本政府就宣布退出了所有既有海军条约。同样是在 1934 年，日本海军军令部批准了 4 艘超级战列舰的研发计划（原文如此，但实际上日本帝国海军当时的军舰研发计划是先由海军军令部提出构想，然后经舰政本部论证，最终由海军省提交国会审议预算后批准的，译者注）。前两艘超级战列舰——"大和"号和"武藏"号的建造计划于 1936 年 7 月获批（即"第三次海军军备补充计划"，简称"丸三计划"，译者注），后两艘的建造计划于 1939 年获批。

设计与建造

1934 年 10 月，日本海军省直接领导下的舰政本部启动了超级战列舰的设计工作。1935 年 3 月，初步设计方案完成，在先后权衡过 22 个不同方案后，最终方案于 1936 年 7 月定稿。但仅仅两个月后，设计方案又经历重大修改。由于原计划配装的高功率柴油发动机问题缠身，动力系统只能全部采用传统蒸汽轮机。1937 年 3 月，超级战列舰的设计工作终告完成。

日本海军省给舰政本部的设计师们提出了苛刻的指标要求：超级战列舰应配装 9 门 18.1in（460mm）口径主炮；舰体主装甲带应能承受 460mm 口径舰炮打击；舰体水下部分装甲应能抵御战斗部装药 660lb（299kg）鱼雷的攻击；最高航速应达到 27kn（50km/h），18kn（33km/h）巡航速度下的续航里程应为 8000mile（12875km）。设计师们认为，要满足上述指标要求，超级战列舰的排水量至少要达到 69000t。

"大和"号在位于广岛的吴海军工厂（Kure Naval Arsenal）建造，承建船坞经过加深改造，龙门吊也经过加固处理，以吊装沉重的装甲板。"武藏"号在三菱（Mitsubishi）长崎造船厂建造，承建船台向山脚下延伸了 50ft（15.24m）才得以容纳其舰体。在两艘战列舰的建造过程中，日本帝国海军采取了极其严格的保密措施，以至于美军情报部门始终难以准确评估它们的主尺度和战斗力。第三艘大和级战列舰名为"信浓"号（Shi-nano），原计划采用与前两艘不同的装甲布局，并配装新型九八式 4in/65 高炮（即秋月级驱逐舰的主炮，译者注）。中途岛海战后，日本帝国海军决定将"信浓"号改建为航母。这艘命运多舛的战舰在 1944 年 11 月 28 日首次试航时就被美国海军潜艇击沉。第四艘大和级战列舰没有命名，在 1941 年 11 月停工时仅完成 30% 的建造量。

"大和"号和"武藏"号的舰体最宽处为 127.7ft（39m），舰体长 839ft（256m）。尽管两者的吃水深度相对体形而言并不大，但满载时也达到了 35.4ft（10.8m），这意味着很多港口都要经过疏浚改造才能供它们锚泊。外观方面，两艘战列舰都

◀ 对页图：1944 年 10 月 25 日，这架隶属第 18 航空大队 VB-18 中队的 SB2C-3"地狱潜行者"俯冲轰炸机在空袭"武藏"号战列舰行动中被击伤，方向舵受损。尽管美军在这次空袭行动中损失了 5 架"地狱潜行者"，但最终击沉了"武藏"号。1944 年 9—11 月，VB-18 中队短暂部署在"勇猛"号航母上，参加了多次作战行动。垂直尾翼上的白十字是第 18 航空大队所辖战机的识别标志

▼ 1941 年 10 月，正在海试中的"大和"号战列舰。可见照片拍摄者处于高速航行中的"大和"号的左舷斜后方，这一视角刚好与驾驶 TBM 鱼雷轰炸机发起攻击的美军飞行员的视角相近

▲ "武藏"号战列舰的舰
艏区域，照片摄于1942年
6月该舰海试期间，拍摄
者处于其前部上层建筑位
置。到战争后期，这片看
起来空荡荡的甲板会塞满
25mm 口径机关炮

采用了新颖的球鼻艏设计，这是经过流体
力学实验验证的减阻措施。

防护

设计之初，日本帝国海军就要求大和
级战列舰具有无可比拟的防护力，其装甲
布局遵循重点防护原则，即装甲集中布置
在舰舯部位，以保护动力系统和弹药库，
舰艏和舰艉则不设装甲。为最大程度减小
舷侧主装甲带长度，大和级采用了前所未
有的宽舰体结构（即低长宽比），而非传统
的长舰体结构（即高长宽比）。这样一来，
其主装甲带长度刚好控制在舰体总长度的
53.3%。

大和级全舰装甲重达 22524t，占设计排水量的 33.1%。其装甲防护区
的核心是倾角 20°、厚 16in（406mm）且半没于水下的主装甲带。弹药库
周围的水线以下装甲带厚 11in（280mm），轮机舱周围的水线以下装甲带
厚 8in（203mm）。装甲防护区两端有 11.8in（300mm）厚的横向装甲隔壁。
甲板覆盖有厚 7.9~9.1in（200~230mm）的装甲，能抵御从 3280ft（1000m）
高空投下的 2200lb（1000kg）重型穿甲炸弹的打击。主炮炮座顶部装甲厚
21.5in（546mm），侧面装甲厚 16in，均经过特殊的硬化工艺处理。主炮炮
塔正面装甲厚 26in（660mm），侧面装甲厚 10in（305mm），后部装甲厚
9.5in（241mm），顶部装甲厚 11in。舰桥指挥塔采用 19.7in（500mm）厚
的钢装甲。

此外，两个轮机舱均有重装甲防护，弹药库底部采用厚 2~3in
（50~76mm）的装甲防护，以抵御水雷和鱼雷攻击。烟囱筒壁有 2in（50mm）
厚装甲防护，排烟口有 15in（381mm）厚蜂窝状装甲防护，这样能在保障

▶ 这幅照片展现了"武
藏"号战列舰的 460mm
口径主炮和令人过目难忘
的高大上层建筑，拍摄者
处于舰艏位置。图中亦可
见舷侧的三联装 155mm
口径副炮。1944 年 4 月，
为给 25mm 口径机关炮腾
出安装空间，舷侧的两座
副炮被拆除

排烟通畅的前提下，将落入排烟口的炸弹引爆，防止其深入筒体。

大和级鱼雷防御系统的核心，是置于舷侧水线以下的防鱼雷鼓包。2号炮塔位置的防鱼雷鼓包宽度最小，为8.5ft（2.6m）；舰舯位置的防鱼雷鼓包宽度最大，为16.4ft（5m）。

损管措施

大和级战列舰的舰体划分为1147个水密隔舱。其中，1065个水密隔舱在装甲甲板以下，82个水密隔舱在装甲甲板以上。大和级的储备浮力为57450t，是其试航排水量的80%。当舰艏或舰艉部分没入水中时，在倾斜角不超过20°的情况下，大和级都能保持舰体稳定。此外，即使干舷高度由正常状态下的33ft（10m）降低到15ft（4.6m），大和级也能保持战斗力。

大和级的注排水系统会在舰体一侧遭首枚鱼雷击中后5分钟内启动，向舰体对侧的空舱室注水，只要倾斜角不超过13.8°就都能纠正。如果倾斜角增大到18.3°，则注排水系统会将被鱼雷击中一侧的燃油箱中的燃油抽送至对侧燃油箱。利用上述损管措施，舰体一侧遭两枚鱼雷击中后可在30分钟内纠正，遭3枚鱼雷击中后可在60分钟内纠正，遭4枚鱼雷击中时可将舰体倾斜角维持在5°以内。

动力系统

宽舰体设计使大和级战列舰能并排布置蒸汽轮机及锅炉，而不必像同类舰那样只能并列布置，这样能节省空间，以加装保护动力舱的装甲。大和级搭载了12台输出功率为1.35万shp（轴马力，1万kW）的舰本式重油专烧锅炉（舰本式指由舰政本部研制，译者注），这些锅炉分3排布置，每排4台，每台都有独立舱室。与锅炉搭配的是4台舰本式蒸汽轮机，同样布置在4个独立舱室中，内外侧各2台。蒸汽轮机驱动4根推进轴，总功率为15万shp（11.2万kW），刚好使大和级达到27.5kn（51km/h）的设计航速。1942年6月，有报告称"大和"号曾录得超过28kn（52km/h）的最高航速。此外，得益于主副舵的默契配合，大和级拥有出色的机动性，其回转直径仅为698yd（638m），相较巨大的舰体已经相当优秀。由于高速满舵转向时舰体也仅有小幅倾斜，大和级无疑是稳定的火炮射击平台。

火力

大和级战列舰火力系统的核心是装在3座三联装炮塔内的9门460mm口径主炮，它们是迄今为止所有战列舰主炮中口径最大的，每门重162t，整个炮塔连同旋转机构总重2774t，相当于一艘同期驱逐舰的排水量。配套的炮弹重达3219lb（1460kg），射速为1.5发/min。此外，大和级还配装4座三联装6.1in（155mm）口径副炮，分别布置在舰艏、舰艉和两舷。日军寄希望于这些副炮能强化大和级的防空火力，但事实证明它们难堪此任，因此，战争爆发后，

▼ 1943年6月的"武藏"号战列舰上层建筑特写，拍摄者处于1号主炮炮塔侧面。可见上层建筑顶部是主炮组的火控仪，其下方是基线长度49.2ft（15m）的主炮测距仪。主炮测距仪下方是防空指挥所，遭空袭时，舰长可在此处发布操舰令。上层建筑正面是航海测距仪，其两侧为与25mm口径机关炮配套的九五式火控仪

"大和"号和"武藏"号的舷侧副炮均被拆除。

作为诞生在 20 世纪 30 年代的战列舰，防空显然是必须考虑的问题。大和级的远程防空武器是装在 6 座双联装炮塔内的 12 门 5in（127mm）口径高炮，两舷各布置 3 座，位于舷侧副炮塔上部。在近程防空武器方面，大和级拥有 24 门布置在 8 座三联装炮塔内的 25mm 口径机关炮和 4 挺布置在舰桥上的 13mm 口径高射机枪。

大和级的上层后甲板区域布置有 2 具 59ft（18m）弹射器，舰艉机库可容纳最多 7 架水上飞机，但通常只搭载 3~4 架。

对大和级战列舰的评价

大和级战列舰拥有出类拔萃的账面指标，但这并不意味着它真的坚不可摧。它的装甲布局存在显著缺陷，整个舰艏和舰艉区域毫无装甲防护，唯一能指望的只有水密隔舱。然而这些区域的水密隔舱空间都很大，无法起到防护作用，任何一处破损都可能导致大量进水，而注排水系统对舰艉舱室的进水又无能为力。

更为致命的问题是，大和级的主装甲带与防鱼雷鼓包外壁间，采用了以两种不同规格铆钉铆接的方式，接合部位强度明显不足，难以承受鱼雷或水雷爆炸时产生的冲击力，很可能导致主防御结构的整体性损伤。此外，其防鱼雷鼓包内只充有空气，没有燃油等液体，无法有效吸收鱼雷爆炸时产生的能量，这意味着，处于鼓包内侧的主装甲带仍然要承受大部分爆炸能量。

1943 年 12 月 25 日，在美国海军"鳔鱼"号潜艇（SS-305）攻击"大和"号事件中，上述设计缺陷暴露无遗。"鳔鱼"号发射的一枚鱼雷击中了"大和"号的右舷后部，导致其自后部舰桥、舰艉 155mm 口径副炮到 3 号主炮炮塔的下部舰体上产生了一道 80ft（24m）长的断裂伤，进而使主防御区受损，3 号炮塔弹药库进水，整舰进水量达 3000t。可见，区区一枚鱼雷

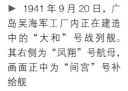

▶ 1941 年 9 月 20 日，广岛吴海军工厂内正在建造中的"大和"号战列舰。其右侧为"凤翔"号航母，画面正中为"间宫"号补给舰

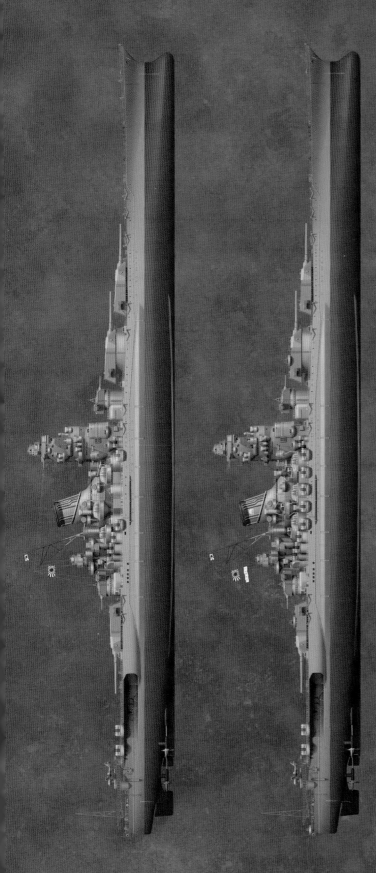

"武藏"号战列舰
（左侧图）

　　这是 1944 年 10 月在锡布延海被击沉时的"武藏"号战列舰的侧视图。这艘战列舰线形优美且富于力量感，它配装 3 座三联装 460mm 口径主炮，倾斜布置的单烟囱和巨大的上层建筑极具震撼力。"武藏"号的防空火力核心是分布在舰舯的 35 座三联装 25mm 口径机关炮和分布在艏艉露天甲板上的 25 门单装 25mm 口径机关炮。此外，还有 12 门 127mm 口径八九式高炮（分布在舰舯两舷靠近烟囱处，每侧 3 座双联装炮塔）。艏艉的两座三联装 155mm 口径副炮也可兼作防空炮。尽管这些防空炮轮次齐射时蔚为壮观，但仍然不足以为"武藏"号构建起可靠的防空屏障。

"大和"号战列舰
（右侧图）

　　这是 1945 年 4 月在中国东海被击沉时的"大和"号战列舰的侧视图。战争期间，除防空火力不断加强外，这艘战列舰基本保持了服役之初的状态。最后一次出击时，"大和"号共装有 152 门 25mm 口径机关炮，其中 150 门分布在两舷的 50 座三联装炮塔内。莱特湾海战后，日军又为"大和"号加装了 9 座三联装机关炮，大部分置于舰舯两舷的露天甲板外缘。这些新加装的三联装机关炮都采用了新式护盾，能使炮手免遭旁边 127mm 口径高炮的"炮口暴风"（火炮射击时产生的冲击波）伤害。127mm 口径高炮分布于 12 座双联装炮塔内，其中处于较低位置的 6 座也装有可抵挡"炮口暴风"的护盾。可见烟囱筒壁上涂有"菊水纹"，这是只在"天一号"作战行动中使用的图案，象征着武士道精神和大和魂（"菊水纹"是 13 世纪日本南北朝时代武将楠木正成的家徽。楠木正成在对抗幕府军队的凑川之战中以少量部队发起自杀式攻击，最终战死，死前以"七生报国"为遗愿。这一事迹被日本军政府宣传为武士道精神的起源。"大和"号的自杀式作战行动因此也称为"菊水特攻"，译者注）。此外，可见桅杆顶部悬挂有日本帝国海军中将旗，这是特攻部队指挥官伊藤整一的旗帜。

▲ 1943 年，"大和"号战列舰（左侧）和"武藏"号战列舰（右侧）停泊在日本帝国海军位于太平洋中部的主要基地特鲁克环礁（Truk）的潟湖内。1943 年的大部分时间里，这两艘战列舰都停泊在此，没有参加作战行动

就能给"大和"号脆弱的水下防御系统造成严重破坏。

对大和级而言，舷侧装甲遭破坏就等于主防御体系被攻破。其轮机舱周围的防鱼雷鼓包最大宽度仅 16.7ft（5m），较同期其他战列舰的防鱼雷鼓包窄得多。这一蹩脚设计要归咎于防鱼雷鼓包外壁直接与主装甲带相接。1943 年，美国海军引入了新型炸药 Torpex（铝粉混合炸药），其威力是传统 TNT 炸药的两倍。大和级的被动防御体系在面对这样的对手时显然已经力不从心。巨大的体积和厚重的装甲仍然能保障大和级不会被水面火力轻易摧毁，怎奈相对薄弱的水下防御系统最终成了它的"阿喀琉斯之踵"。

所谓瑕不掩瑜，尽管大和级的防御体系存在诸多缺陷，但它仍旧堪称日本帝国海军战列舰设计与建造史上的登峰造极之作。1941 年下半年服役的"大和"号，是当时世界上排水量最大、火力最强、装甲最厚重的战列舰。对日本人而言，最大的不幸显然不是大和级有多么不堪的先天性缺陷，而是"大炮巨舰"时代已经行将就木。就在"大和"号服役前不久，日本帝国海军偷袭了珍珠港，击沉 5 艘美国海军战列舰，充分展现了海军航空兵的威力。如果一些人在此之后依然对战列舰的"空袭生存力"抱有不切实际的幻想，那么当他们看到 1941 年 12 月 10 日英国皇家海军"威尔士亲王"号战列舰（HMS Prince of Wales）和"反击"号战列巡洋舰（HMS Repulse）在马来亚外海遭日军战机击沉的新闻时，也该醒醒了。

遗憾的是，在大和级的研发阶段，日本帝国海军仍然认为它所面临的主要威胁是敌军战列舰，而不是舰载机。事实上，这级超级战列舰在战场上从未与敌军战列舰爆发过冲突。到 1944 年，来自美国海军航空兵的空中威胁愈发严峻，这是大和级的设计师们从未考虑过的问题。诚然，在大和级建造之初，大多数舰载机还稍显"稚嫩"，当时的绝大多数军事决策者们，也不可能预见到技术的飞速发展会使那些看似"笨拙"的舰载机最终成为海权的"颠覆者"。无论对日本帝国海军，还是对穷兵黩武的日本军政府而言，"大和"号的下水都堪称标志性事件，但一切"荣光"都无法掩盖这艘超级战列舰甫一降生就被时代所抛弃的现实。

性能特点

TBF/TBM "复仇者"鱼雷轰炸机

到 1944 年，TBF/TBM "复仇者"成为美国海军唯一的现役鱼雷轰炸机，其主要型号如下。

TBF-1 型

TBF-1 是格鲁曼公司生产的首批量产型 "复仇者"鱼雷轰炸机。该型机的发动机整流罩内装有 1 挺 7.62mm 口径机枪，机腹处装有 1 挺 7.62mm 口径机枪，驾驶舱后部机枪塔内装有 1 挺 12.7mm 口径机枪。TBF-1 的总产量为 1526 架，与之对应的由通用公司生产的 TBM-1，总产量为 550 架。

TBF-1 B 型

TBF-1B 是美国海军根据《租借法案》（Lend-Lease Program）向英国皇家海军提供的 "复仇者"鱼雷轰炸机。

TBF/TBM-1C 型

TBF/TBM-1C 于 1943 年投入量产，总产量为 2336 架。该型机相比 TBF-1 型有若干改进，主要是以两挺装在机翼内的

▶ 1943 年秋，一架隶属 VT-30 中队的 TBF/TBM-1C "复仇者" 鱼雷轰炸机正开展飞行训练，它即将进入驻 "蒙特利" 号轻型航母（USS Monterey，CVL-26，属独立级）的第 30 航空大队服役。每艘独立级轻型航母的航空大队都编有 9 架 "复仇者" 鱼雷轰炸机和 24 架 F6F "地狱猫" 战斗机。对 VT-30 中队而言，他们的 "复仇者" 要与 VF-30 中队的 "地狱猫" 共享航母上的狭小甲板。可从位于驾驶舱盖顶端的无线电天线桅杆的位置和角度辨识 TBF/TBM-1C 型 "复仇者"

▼ 1945 年春，冲绳外海，隶属驻 "汉考克" 号航母（USS Hancock，CV-19）VT-6 中队的 TBM-3 从第 58 特混舰队上空飞过。VT-6 中队的 "复仇者" 与第 6 航空大队（编有 VF-6 中队 /F6F-5 "地狱猫" 战斗机、VBF-6 中队 /F4U-4 "海盗" 战斗机、VB-6 中队 / "地狱潜行者" 俯冲轰炸机）一起参加了 1945 年 4 月 7 日的空袭 "大和" 号战列舰行动。"汉考克" 号的空袭编队（编有 "复仇者" 和 "地狱潜行者"）起飞晚点且迷失方向，因此没能见证 "大和" 号的覆灭

12.7mm 口径机枪取代了发动机整流罩内的 7.62mm 口径机枪，并为驾驶舱后部机枪塔换装防弹玻璃。后期生产的 TBF/TBM-1C 的机翼下部装有 4 具用于发射 127mm 口径火箭弹的导轨。

TBF/TBM-1D 型

TBF/TBM-1D 是 TBF/TBM-1/1C 的改进型，右侧机翼末端装有 ASD-1 雷达天线，具备夜间作战能力。

TBM-3 型

TBM-3 全部由通用公司生产，是 "复仇者" 鱼雷轰炸机家族中总产量最多的一型，达到 4011 架。该型机装备动力更强劲的莱特 R-2600-20 型发动机，最大输出功率为 1900hp（1417kW）。美军原本希望通过换装更高功率的发动机来改善 TBM-3 的动力性能，但由此增加的重量几乎抵消了功率提高带来的贡献。

TBM-3D 型

TBM-3D 的右侧机翼末端装有 ASD-1 雷达天线，具备夜间作战能力。

TBM-3E 型

TBM-3E 于太平洋战争后期投产，总产量为 646 架。该型机的机身结构得到强化，配装搜索雷达，拆除了机腹处的机枪。

TBM-3"复仇者"鱼雷轰炸机

  TBM-3"复仇者"鱼雷轰炸机武备精良,不仅能抵御日军战斗机的攻击,还能游刃有余地执行扫射任务。图中可见:两侧机翼各装 1 挺 12.7mm 口径勃朗宁 M2 机枪,分别备弹 335 发;驾驶舱后部机枪塔内装有 1 挺 12.7mm 口径机枪,备弹 400 发;机腹装有 1 挺 7.62mm 口径勃朗宁 M1919 机枪,备弹 5000 发(图中未展示)。此外,该机还可挂载 2000lb 炸弹或 8 枚翼下发射的 127mm 口径火箭弹。

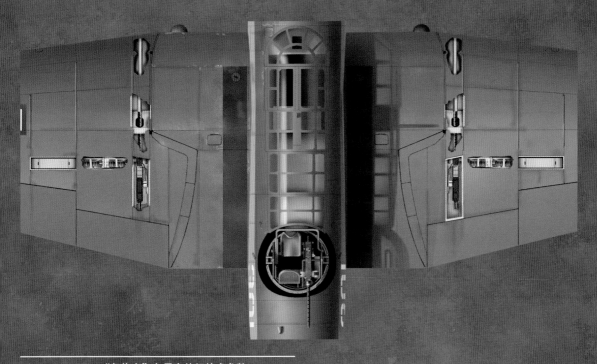

TBM-3"复仇者"鱼雷轰炸机技术参数			
动力系统	莱特 R-2600-20"旋风"(Cyclone)双排星型活塞发动机,最大输出功率 1900hp(1417kW)	航程	1130mile(1818km,载 1 枚鱼雷)/1920mile(3090km,空载)
机身规格		爬升率	2060ft/min(628m/min)
翼展	54ft 2in(16.51m)	实用升限	23400ft(7132m)
机身长	40ft(12.19m)	武器弹药	1 枚 Mk 13 鱼雷 /2000lb 航空炸弹 / 深水炸弹
机身高	16ft 5in(5m)		
机翼面积	490.02ft²(45.52m²)		机翼装 2 挺 12.7mm 口径勃朗宁 M2 机枪,各备弹 335 发
重量			
空重	10843lb(4918kg)		机枪塔装 1 挺 12.7mm 口径机枪,备弹 400 发
满载	17893lb(8116kg)		
性能参数			机腹装 1 挺 7.62mm 口径勃朗宁 M1919 机枪,备弹 5000 发
最大平飞速度	267mile/h(430km/h,1600ft/488m)		

Mk 13 航空鱼雷

▲ 1942 年 10 月，一架 TBF-1 "复仇者" 鱼雷轰炸机在训练中投放 Mk 13 航空鱼雷。此时的 Mk 13 仍然存在可靠性问题，因此，"复仇者" 往往不得不满载炸弹去攻击日本运输船

只有性能可靠的鱼雷才可能使鱼雷轰炸机发挥价值。然而遗憾的是，美国海军直到战争爆发时仍然没能解决鱼雷的可靠性问题。他们的航空鱼雷研发工作可以追溯到 1917 年，D 型航空鱼雷的试验工作在 1918 年就已经全面铺开。两年后，体积更大的 Mk 7 航空鱼雷取代了 D 型鱼雷。其中，Mk 7 Mod B 的战斗部重达 319lb（145kg）。实战表明，Mk 7 远算不上一型称职的航空鱼雷，它对投放高度非常敏感，且载机投放时的飞行速度不能超过 80kn（148km/h），否则就有坐沉或偏航的可能。不过，由于没有更好的选择，在 20 世纪 20 年代到 30 年代早期，这型鱼雷还是成为美国海军的制式武器。

为满足愈发紧迫的作战需求，美国海军在 1930 年开始研发新一代航空鱼雷（即 Mk 13）。1932 年，试射工作正式启动。1935 年 5 月 27 日—10 月 1 日，新型鱼雷共计进行了 23 次空投试验，次年又进行了 20 次。得益于良好的早期试验成绩，Mk 13 航空鱼雷于 1938 年顺利列装部队。舰艇部队开展的试验表明，这型鱼雷性能相对可靠，能在距海平面 40~90ft（12~27m）高度安全投放，且载机投放时的飞行速度可达 100kn（185km/h）。

▶ 1942—1943 年 的 太平洋战区某海域，航母空勤人员正对一枚即将装入 "复仇者" 鱼雷轰炸机弹舱中的 Mk 13 航空鱼雷进行检查。注意站在机翼上的机组成员手持的是与 ASB 雷达配套的八木天线（一种常见天线结构，由日本东北大学的八木秀次和宇田太郎联合发明，译者注）。后期生产型 TBF-1 配装了 ASB 长波雷达，因此两侧机翼下方均安置有八木天线。借助雷达系统，TBF-1 在恶劣气候条件下也能执行任务。尽管 ASB 雷达尚显原始，但足以探测到中等距离上的船舶目标

率先投产的 Mk 13 Mod 0 的总产量为 156 枚，它在 1940 年被 Mk 13 Mod 1 取代，后者采用了不同的操纵舵和螺旋桨布局。具体而言，Mk 13 Mod 0 的尾部采用轨道状结构，螺旋桨位于操纵舵之前，而 Mk 13 Mod 1 的尾部采用传统结构，可靠性因此大打折扣。Mk 13 Mod 1 入水后总有向左偏航的趋势，而且实际航行水深通常会大于预定航行水深。经过一系列改进后，海军军械局认为 Mk 13 的性能缺陷都得到了妥善解决。然而，载机投放时的飞行速度始终没能达到海军预期。此外，仅有 30kn（56km/h）的最大航速也是 Mk 13 的致命问题，因为很多军舰的航速都比它快。

▲ "大黄蜂"号航母的飞行甲板上，空勤人员正在运送 Mk 13 航空鱼雷，准备将其挂载到一架隶属 VT-2 中队的 TBF-1C "复仇者"鱼雷轰炸机上（图中未显示）。1944 年 6 月 20 日，该中队参与了马里亚纳海战中攻击日军航母的任务

尽管 Mk 13 的性能难堪重任，可靠性也不尽如人意，但美国海军的鱼雷轰炸机中队还是带着它投入了太平洋战场。

美国人用了两年时间才彻底解决 Mk 13 的偏航和航深不定问题：在尾部加装盒状稳定装置；加装水动控制阀，确保推进装置入水后再开始工作；环绕首部加装胶合板制减阻环，缓冲入水时的冲击力，确保航向和航深稳定。

上述改进工作于 1944 年下半年全部完成。当年 10 月，在菲律宾直面孤注一掷的日本帝国海军舰队时，美国海军的"复仇者"鱼雷轰炸机终于拥有了可靠的鱼雷。由于投放鱼雷时的允许飞行速度已经很接近最大飞行速度（270mile/h，435km/h），且投放高度可达 800ft（244m），"复仇者"在日军高炮弹幕中的生存概率大幅提升。

Mk 13 航空鱼雷技术参数		
	Mod 0	Mod 1
雷身规格		
长度	13ft 5in（4.09m）	13ft 9in（4.19m）
直径	22in（0.56m）	22in
重量	1949lb（884kg）	2216lb（1005kg）
战斗部	392lb（178kg）TNT/404lb（183kg）TPX	603lb（274kg）TNT/606lb（275kg）TPX/600lb（272kg）HBX
航速	30kn（56km/h）	30kn
动力形式	热动力	热动力
航程	5700yd（5212m）	5700yd

SB2C "地狱潜行者" 俯冲轰炸机

　　在解决全部设计问题后，柯蒂斯公司马力全开，相继生产了共计 5516
架 "地狱潜行者" 俯冲轰炸机，最后一架于 1945 年 10 月交付美国海军。
该机的具体生产型号如下。

SB2C-1

　　SB2C-1 是 "地狱潜行者" 俯冲轰炸机家族中的初产型，首飞于 1942
年 6 月 30 日，配装莱特 R-2600-8 双排星型活塞发动机，最大输出功率
1700hp（1268kW）。SB2C-1 的首次上舰测试并不成功，这也促成了后续的
一系列改进工作。1943 年 11 月，来自 "邦克山" 号航母（CV-17）VB-17
中队的 SB2C-1 编组完成了战场首秀。针对 SB2C-1 使用过程中暴露的主要
问题，柯蒂斯公司在短时间内完成了改进，相应改进型称为 SB2C-1C，它
是 "地狱潜行者" 第一生产阶段的主要型号，总产量为 978 架。其武备方
面相对 SB2C-1 的显著变化，是以 2 门 20mm 口径航炮取代了机翼上的 2 挺
12.7mm 口径机枪。

SB2C-2

　　SB2C-2 是 "地狱潜行者" 俯冲轰炸机家族的水上起降型，未投入量产。

SB2C-3

　　SB2C-3 是 "地狱潜行者" 俯冲轰炸机家族中首个大规模投入前线的型
号，总产量为 1112 架。针对既往型号存在的发动机动力不足问题，柯蒂斯

公司为 SB2C-3 换装了最大输出功率达 1900hp
（1417kW）的莱特 R-2600-20 双排星型活塞发
动机，同时适配新型四叶螺旋桨，使该型机的
最大平飞速度相对既往型号提高到 294mile/h
（473km/h），航程也相应提升。此外，为解决俯
冲轰炸和低速飞行时的振颤问题，柯蒂斯公司
又为后期生产型 SB2C-3 换装了多孔式俯冲减
速板。一部分 SB2C-3 拆除了原有的 ASB 雷达，
改为在翼下吊舱内安装 AN/APS-4 雷达，型号
名相应调整为 SB2C-3E。

SB2C-3 "地狱潜行者"
俯冲轰炸机

在"地狱潜行者"俯冲轰炸机家族中，SB2C-3 的性能较早期型号更完善，产量也更大。这幅图展现了 SB2C-3 的武备，可见两侧机翼分别安装 1 门 20mm 口径 Mk2 航炮，各备弹 800 发。SB2C-3 的后向防御依赖于后座机枪手操纵的双联装 7.62mm 口径勃朗宁 M1919 机枪，备弹 2000 发。SB2C-3 可挂载 2000lb 炸弹，通常采用 2 枚 500lb 炸弹与 1 枚 1000lb 炸弹组合的挂载方式。其中，1000lb 炸弹可换为深水炸弹。

SB2C-3 "地狱潜行者"俯冲轰炸机技术参数	
动力系统	莱特 R-2600-20"旋风"双排星型活塞发动机，最大输出功率 1900hp
机身规格	
翼展	49ft 9in（15.16m）
机身长	36ft 9in（11.2m）
机身高	14ft 9in（4.5m）
机翼面积	422ft²（39.21m²）
重量	
空重	10114lb（4588kg）
满载	16800lb（7620kg）
性能参数	
最大平飞速度	294mile/h（473km/h，12400ft/3780m）
航程	1200mile（1931km，载 1000lb 炸弹）
爬升率	1800ft/min（549m/min）
实用升限	29100ft（8870m）
武器弹药	1000lb 炸弹 / 深水炸弹
	机翼装 2 门 20mm 口径 Mk2 航炮，各备弹 800 发
	驾驶舱后座装 1 具双联装 7.62mm 口径勃朗宁 M1919 机枪，备弹 2000 发

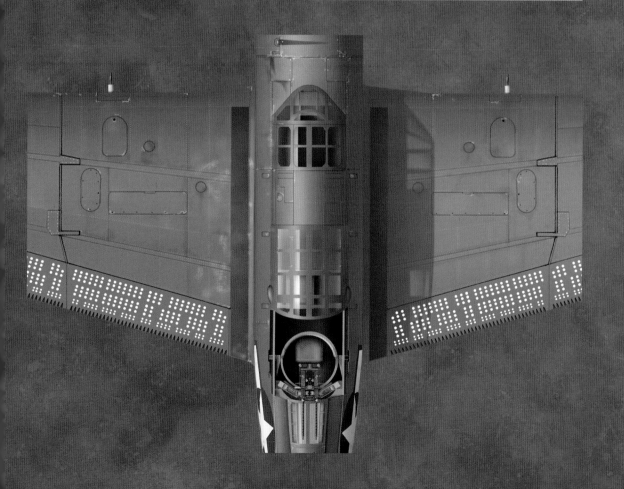

▶ 1945年8月，隶属美国海军"香格里拉"号航母（USS Shangri-La, CV-38）VB-85中队的SB2C-4俯冲轰炸机。与既往型号相比，SB2C-4加装了螺旋桨毂盖和翼下火箭弹发射导轨，取消了驾驶舱盖靠近飞行员座椅后部的观察窗。此时的"地狱潜行者"家族已经明显落伍，以F4U"海盗"为代表的新一代舰载战斗机能携带同样多的炸弹，而且飞行速度更快，任务弹性更高。1944年11月，SB2C-4首次上舰（CV-38），入列VB-85中队，次年4月参加了冲绳战役

SB2C-4

　　SB2C-4是"地狱潜行者"俯冲轰炸机家族中产量最大的型号，总产量为2045架。相对既往型号，SB2C-4的主要外观差异是装有螺旋桨毂盖，同时翼下装有可挂载8枚火箭弹的发射导轨。配装雷达的SB2C-4称为SB2C-4E。

SB2C-5

　　SB2C-5于1945年2月正式投产，总产量为970架，只少量投入作战行动。相比既往型号，SB2C-5的主要改进是燃油携载量增加了35gal（159L）。

大和级战列舰

　　大和级战列舰首舰"大和"号于1941年12月16日服役，2号舰"武藏"号于1942年8月5日服役。两舰建成之初的技术规格相同，具体见下表。

舰长	839ft（256m）
舰宽	127.7ft（39m）
吃水深度	35.4ft（10.8m）
排水量	标准：71111t
	满载：73000t
推进系统	12台舰本式锅炉，4台舰本式蒸汽轮机，15万shp（11.2万kW）
最高航速	27.5kn（51km/h）
续航里程	7200n mile（13334km，16kn/30km/h）
装甲防护	舷侧主装甲带厚16in（406mm），横向装甲隔壁厚11.8in（300mm）；甲板装甲厚7.9~9.1in（200~230mm）；主炮炮塔座圈前部厚21.5in（546mm），侧面厚16in；主炮炮塔正面装甲厚26in（660mm），侧面装甲厚10in（305mm），后部装甲厚9.5in（241mm），顶部装甲厚11in（280mm）；舰桥指挥塔装甲厚19.7in（500mm）

（续）

武器装备（建成时）	
主炮	9门460mm口径炮
副炮	12门155mm口径炮
防空武器	12门127mm口径炮，24门25mm口径机关炮，4挺13mm口径机枪

战争期间，除加装雷达系统和防空武器外，大和级战列舰没有任何结构上的重大改动。1943年7月，"大和"号进入吴海军工厂接受首次改装，在主炮测距仪上方加装了两部21型雷达（日本称二一号电探，译者注）。此外，还在露天甲板上安装了4座九六式三联装25mm口径机关炮，使25mm口径机关炮的总数达到36门。

1944年2月，"大和"号接受第二次改装，将舷侧的两座三联装155mm口径副炮拆除，原位置加装了6座带护盾的八九式双联装127mm口径高炮。与此同时，又加装了24座三联装25mm口径机关炮和26门单装25mm口径机关炮。此外，还加装了22型雷达（二二号电探）和13型雷达（一三号电探）。1944年6月29日—7月8日的第三次改装中，"大和"号加装了5座三联装25mm口径机关炮。1944年11月，在莱特湾战役中受损后，"大和"号进入干船坞接受修复。这期间，拆除了大部分单装25mm口径机关炮，加装了9座三联装25mm口径机关炮。最终，"大和"号的25mm口径机关炮总数达到惊人的152门，其中包括50座三联装型和2门单装型。

"武藏"号在吴海军工厂进行舾装期间，在原设计基础上加装了4座三联装25mm口径机关炮。1943年9月，"武藏"号加装了两座21型雷达。7个月后，因遭鱼雷击中在吴海军工厂修复时，"武藏"号舷侧的两座三联装155mm口径副炮被拆除，原位置加装了6座三联装25mm口径机关炮。同时，其他部位也加装了多座三联装25mm口径机关炮和25门单装25mm口径机关炮，使25mm口径机关炮总数达到115门。此外，还加装了22型雷达和13型雷达。1944年7月，"武藏"号接受了服役生涯中的最后一次改装，加装了5座三联装25mm口径机关炮。至此，"武藏"号在最后一次出航前，25mm口径机关炮总数达到130门，包括35座三联装型和25门单装型。

大和级战列舰防空武器配置		
"大和"号	八九式127mm口径高射炮	九六式25mm口径机关炮
1941年12月	12	24
1943年7月	12	36
1944年4月	24	116
1944年7月	24	131
1945年4月	24	152
"武藏"号	八九式127mm口径高射炮	九六式25mm口径机关炮
1942年8月	12	36
1944年4月	12	115
1944年7月	12	130

八九式 127mm 口径高射炮

双联装八九式 127mm 口径高炮于 1932 年 2 月入列，随后成为日本帝国海军大型水面舰艇的制式远程防空武器。日军对八九式的性能非常满意，因为它具备较高的供弹速度和炮口初速，配用大装药量炮弹，同时可靠性出色。八九式的常用炮弹有三种：通常弹、三式通常弹（又称烧霰弹，即燃烧型榴霰弹，利用大量高温破片 / 弹丸实现杀伤，译者注）和 B 式照明弹。在训练有素的炮组成员操纵下，八九式能实现较高射速。八九式的主要缺点是有效射高较低，仅为 8065yd（7375m）。

用于引导八九式高炮射击的是九四式火控仪。这型火控仪尽管早在 1934 年就已经列装日本帝国海军，但直到 1937 年才开始大规模量产。太平洋战争爆发后，九四式火控仪一直处于供不应求的状态。由于大和级战列舰享有毋庸置疑的优先权，"大和"号和"武藏"号都装备了两具九四式火控仪（"大和"号后期又加装

▲ 八九式 127mm 口径高炮是日本帝国海军在第二次世界大战时期的制式远程防空武器。尽管具备优异的性能和可靠性，但受制于糟糕的火控仪和失败的作战条令，八九式并没能发挥预期作用。日军的作战记录表明，"武藏"号战列舰遭空袭时，由于火控仪很难准确测定美军俯冲轰炸机和鱼雷轰炸机的方位，八九式几乎成了摆设

了两具）。九四式成对安装在舰体上层建筑和主桅杆两侧。位于舰桥的高炮指挥塔负责观测目标，并将测定数据传入主装甲板下方的火控室。每座高炮指挥塔配备 1 具采用 14.76in（375mm）口径立体视镜的九四式火控仪和 4 具 3in（76mm）口径望远镜。高炮指挥塔采用电 - 液驱动机构调整方位角，但高度需人力调整。测定目标距离、水平及垂直方位后，高炮指挥塔将数据传入火控室，由机械式计算机解算出火炮射击诸元，包括俯仰角和方位角，以及引信设定。

九四式火控仪对高速运动目标的测定效果并不理想。它测定目标数据需要 20 秒，还需要 10~12 秒才能解算出火炮射击诸元。面对高速逼近的美军舰载机，这样的测算速度显然太慢了。此外，机械式计算机解算的火炮射击诸元也很难保证准确性。对美国海军而言，127mm 口径高炮堪称舰队防空中坚，而对日本帝国海军而言，受制于糟糕的火控系统，像八九式这样的大口径高炮就很难担起重任，防空压力最终都要落到 25mm 口径机关炮身上。

八九式 127mm 口径高射炮	
炮口初速	2362ft/s（720m/s）
炮管寿命	800~1500 发
射速	最高：14 发 /min；持续：11~12 发 /min
射程	最大射程：14390yd（13158m）；最大射高：8830yd（8074m）；有效射高：8065yd（7375m）
最大仰角	90°
炮弹重量	50.6lb（23kg）
最大俯仰速度	12°/s
最大旋转速度	6°/s
双联装炮塔重量	24.5t（带护盾）

九六式 25mm 口径机关炮

日本帝国海军选择了法国哈奇开斯公司（Hotchkiss）研制的 25mm 口径机关炮作为近程防空武器。他们对原型炮进行了包括安装消焰器在内的本土化改进，最终于 1936 年定型为九六式 1 型。初期配装双联装炮塔，1941 年推出三联装炮塔，两年后又推出单装炮塔。九六式采用气冷形式。三联装炮塔内有两具电机，一具驱动炮塔旋转，另一具驱动火炮俯仰。旋转和俯仰动作均可由九五式高炮火控仪控制。三联装炮塔编制有 9 人炮组，其中 6 人是装弹手。

九六式配用通常弹、燃烧弹、穿甲弹和曳光弹四种炮弹，采用 15 发制式弹匣供弹，通常每 4 发或 5 发炮弹间串装 1 发曳光弹。由于制式弹匣装弹量过少，作战时需要频繁更换弹匣，九六式的持续射速很低，仅能达到 100~110 发 /min（指单门炮）。

九六式由九五式近程大仰角高炮火控仪引导射击。九五式火控仪可测定目标速度、距离和高度，为解算火炮射击诸元提供基本数据。理论上，九五式可跟踪飞行速度不超过 560mile/h（900km/h）的目标。然而，由于配套电机转矩不足，九五式的旋转角速度实际跟不上目标移动速度。与美军同类火控仪相比，九五式的性能并不出色。"大和"号战列舰装有 4 具九五式火控仪，两具位于上层建筑前部两侧，另两具位于烟囱两侧。1944—1945 年，日本帝国海军引入了结构相对简单的四式 3 型火控仪，取消了驱动电机。三联装炮塔内装有环形机械瞄准具，以备火控仪失灵时使用。单装炮塔无法由火控仪引导射击，只能使用机械瞄准具。

实战表明，日本帝国海军将九六式机关炮选作制式近程防空武器绝非明智之举。日本人自己也能意识到九六式存在的短板，即旋转和俯仰角速度，以及连续射速都过低，且射击振动幅度大，导致精度不高。单装型九六式几乎毫无实战价值，简陋的环形机械瞄准具导致它面对高速飞行目标时束手无策。此外，对身体素质一般的士兵而言，它的操作难度也相当大。九六式配用的炮弹威力明显不足，无法有效毁伤美军的主力舰载机。总之，由于缺乏如美国海军 40mm 口径博福斯（Bofors）机关炮一般高效的近程防空武器，随着战争的推进，暴露在美军舰载机群之下的日军水面舰队显得愈发脆弱。

▼ 1942 年 10 月，美军在瓜达尔卡纳尔岛战役中缴获了这座三联装九六式 25mm 口径机关炮。由于存在诸多缺陷，九六式很难担起舰队近程防空重任。它配用的制式弹匣容量只有 15 发，作战中需要频繁更换弹匣，这导致其单门实际射速只有 100~110 发 /min

九六式 25mm 口径机关炮	
炮口初速	2952ft/s（900m/s）
炮管寿命	15000 发
射速	理论：220~240 发 /min；实际：100~110 发 /min
射程	最大：3815yd（3488m）；有效：1635yd（1495m）
最大仰角	80°
炮弹重量	8.82oz（250g）
最大俯仰速度	12°/s
最大旋转速度	18°/s
三联装炮塔重量	3960lb（1796kg）

三式 460mm 口径烧霰弹（对空弹）

　　1943 年，日本帝国海军将三式烧霰弹列为大和级战列舰主炮的制式炮弹。三式烧霰弹的弹体内装填有 996 个直径 25mm、长 90mm 的钢管，钢管内填充有混合燃烧剂。该弹采用延时引信，弹体爆炸后钢管内的混合燃烧剂延时 0.5 秒引燃，持续燃烧 5 秒，形成高温破片，杀伤半径达 397ft（121m）。日军原本对这型大面积杀伤性炮弹抱有较高期望，但实际使用效果并不理想。由于铜质导带（也称弹带，用于保证弹体稳定旋转，提高命中精度，译者注）加工精度较差，三式烧霰弹在主炮膛内运动时会导致膛线严重磨损。

▶ 1944 年 10 月 26 日，"大和"号战列舰从锡布延海撤出莱特湾时遭到空袭。这幅照片由一架隶属第 307 轰炸机大队第 424 中队的 B-24 "解放者"轰炸机（Liberator）在"大和"号上空拍摄。"大和"号的 3 座 460mm 口径主炮炮塔清晰可见。这些主炮理论上能用三式烧霰弹打击高空飞行的 B-24，但实际并没能发挥任何作用

1944 年下半年的
太平洋战场形势

　　1944 年，美军加快了向日本本土推进的步伐。他们整体上兵分两路，一路是由盟军太平洋战区总司令兼美军太平洋舰队司令切斯特·尼米兹上将（Chester Nimitz）率领的作战力量，经太平洋中部向日本本土推进；另一路是由盟军西南太平洋战区总司令道格拉斯·麦克阿瑟上将（Douglas MacArthur）统帅的作战力量，经新几内亚取道菲律宾，向日本本土逼近。

　　1944 年 6 月，尼米兹麾下部队开始进攻马里亚纳群岛，此处距日本本土仅 1200mile（1931km）之遥。这期间，15 艘美军航母与 9 艘日军航母间爆发了迄今为止战争史上规模最大的一次航母对决（日方资料称之为马里亚纳海战，美方资料称之为菲律宾海海战，译者注）。为赢得这次战役，日本帝国海军主力舰队卧薪尝胆 18 个月之久，但决战结果远不如他们估计的那样乐观：日军有 3 艘航母战沉，舰载机部队损失殆尽，整个航母部队几乎全军覆没。面对一溃千里的灾难性局面，日军残余航母部队再也无力阻止美军的海上攻势，他们只能依靠所剩无几的主力舰制订近乎自杀式的冒险性作战计划，这成为决定大和级战列舰命运的垂死一搏。

　　截至 1944 年 7 月，美军在太平洋战区的下一个进攻目标还悬而未决。尼米兹与麦克阿瑟在这一问题上产生了严重分歧，而且两人似乎都没有妥协的余地。麦克阿瑟主张在向日本本土发动进攻前先占领菲律宾，他计划在 11 月 15 日登陆菲律宾群岛南部的棉兰老岛。而尼米兹在海军部长欧内斯特·金（Ernest King）的支持下，认为占领菲律宾将耗费太长时间，而且代价必然惨重。作为替代方案，他主张先占领中国台湾和中国沿海某地，建立前沿基地，这样一来就可能切断日本与东南亚地区的海上航线，扼住日本赖以为生的资源咽喉，使盟军不战而胜。

相较而言，尼米兹主导的海军方案显然有些激进，而麦克阿瑟的方案更为传统，可行性也更高。自 1944 年 4 月开始，日军在中国战区发起的一系列进攻行动（指"一号作战"行动，我国称为豫湘桂会战，译者注），逐渐使尼米兹在中国沿海地区建立基地的设想化为泡影。6 月，麦克阿瑟提交了修订后的菲律宾作战方案，将登陆棉兰老岛的日期提前到 10 月 25 日，而在原定的 11 月 15 日，美军将登陆菲律宾群岛中部的莱特岛。按计划，到 1945 年 1 月 9 日，美军的旗帜将飘扬在吕宋岛上。

与此同时，美国海军方面仍然坚守着先攻占中国台湾的作战方案。为此，美国总统富兰克林·罗斯福（Franklin Roosevelt）不得不做出最终"裁决"。1944 年 7 月，罗斯福到访夏威夷期间，麦克阿瑟在面对面的交谈中靠着无与伦比的辩才说服了总统。麦克阿瑟阐释说，坚实的战略和国家荣誉感是他占领菲律宾计划的基础。尽管会面十分顺利，而且结果也足以令麦克阿瑟欣慰，但方案细节还有待参谋长联席会议审定。9 月 11 日，美军在加拿大魁北克召开参谋长联席会议，会后公布了一份战略日程表：棉兰老岛依然是头号目标，登陆日期回归 11 月 15 日，登陆莱特岛的日期延后至12 月 20 日。再往后，登陆吕宋岛和中国台湾就是顺水推舟之举了。

然而，战略日程表确定后不久，战场形势就发生了令人兴奋的变化。威廉·哈尔西上将（William Halsey）在率领快速航母舰队（指 TF38，第 38 特混舰队）向菲律宾发起的预备空袭中发现，日军的防御体系似乎已经土崩瓦解，无法再组织像样的抵抗行动。于是，他在 9 月 13 日向尼米兹提议取消登陆棉兰老岛计划，因为实在毫无必要，而首选目标应改为莱特岛。这一相比原定进程提前了两个月的新方案很快得到批准。1944 年 10 月 20 日，美军登陆莱特岛。

美军为莱特岛战役集中了绝对优势兵力，海军第 7 舰队负责运送登陆部队和装备物资。为给地面部队提供充足的火力和后勤支援并确保制空权，第 7 舰队派出了大量护航航母（不同于前文提及的舰队航母和轻型航母，这里所指的护航航母由商船改建而成，载机量少、航速低且缺乏装甲防护，但在当时仍然发挥了不可替代的作用，译者注），同时集结了众多老式战列舰，以应对日军可能发起的袭扰行动。

此役，美国海军主力由第 3 舰队司令威廉·哈尔西指挥，核心力量是第 38 特混舰队，分为 TG38-1、TG38-2、TG38-3 和 TG38-4 四个大队，每个大队都编有 4~5 艘航母和相应的护航舰艇，战斗力空前。第 38 特混舰队共编有 9 艘舰队航母、8 艘轻型航母、6 艘战列舰、4 艘重型巡洋舰、10 艘轻型巡洋舰和 58 艘驱逐舰。这是当时世界上最强大的海上作战力量，有能力粉碎日本帝国海军发起的任何挑战。第 38 特混舰队的主要任务是在登陆前对岸上日军目标进行轰炸，并在登陆行动开始后消除日军海空力量对登陆场的威胁。如果日军舰队胆敢出击，威廉·哈尔西的唯一任务就是将它们全部送入海底。

日军作战计划

美军担心占领菲律宾会招致日军的激烈反击，事实的确如此，日本帝国海军早已做好了决死一战的准备。日军残存的每一艘战舰都将在这次防守反击中发挥无可取代的作用，这成就了战争史上规模最大的一次海战。

美军夺取马里亚纳群岛后，日军就笃定他们的下一个目标是菲律宾。尽管无法获知美军到底会在哪个岛登陆，但日军坚信对手的登陆日期会选在 11 月中旬，这几乎与美军最初的计划完全吻合。因此，菲律宾群岛毫无疑问地成为日军下一阶段的防御核心，他们将这次防御战视为决死战。日军别无选择，如果美军占领菲律宾，连接东南亚地区的物资运输线就会被彻底切断。这将使日本的战时经济陷入窒息状态，而缺乏燃料补给的帝国海军舰队将面临困毙一隅的境地。在日军高层看来，与其坐以待毙，不如拼死一搏。

1944 年 6 月菲律宾海战后，日本帝国海军主力舰回到位于新加坡南部的林加泊地开展战备训练，那里毗邻石油产地。与此同时，已经支离破碎的航母部队返回日本本土，因为日军希望在濑户内海重整舰载机部队。如果美军真的在 11 月登陆菲律宾，整备完毕的舰载机部队将同航母一道赶往林加泊地与主力舰会合。待到 10 月初，日军重新评估了既有情报，判断美军的菲律宾登陆日很可能提前到当月下旬，而且目标直指莱特岛。

日军将菲律宾一线的防御行动统称为"捷号"作战计划。整个计划包含若干版本，以应对美军可能在菲律宾、中国台湾 - 琉球、本州 - 九州及北

▼ 1944 年 10 月 21 日，"武藏"号和"大和"号战列舰并排停泊在文莱湾。左侧是"武藏"号，它的前方是"最上"号重型巡洋舰，右侧是"大和"号。翌日，两艘战列舰便从文莱启航，前往莱特湾

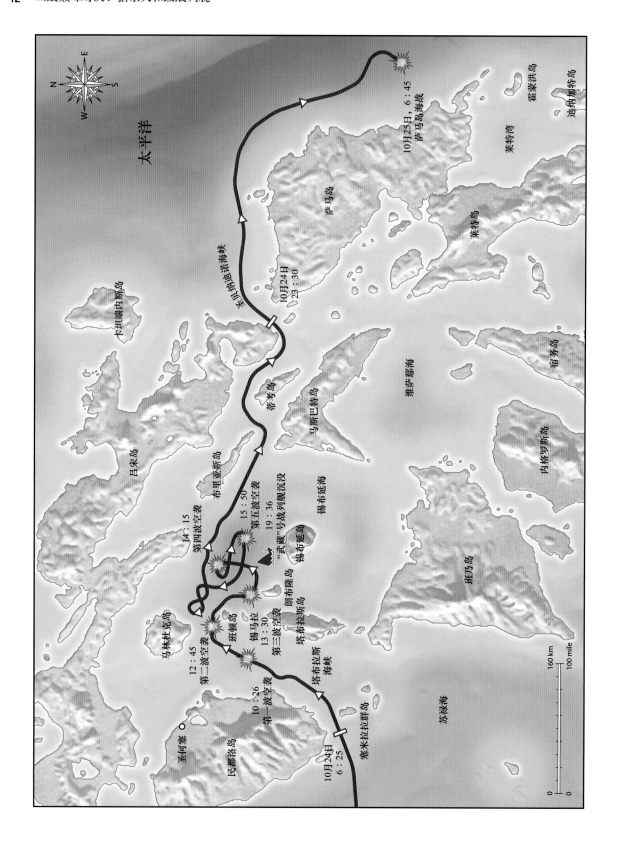

太平洋

卡坦端内斯岛

迪纳加特岛

霍蒙洪岛

萨马岛

来特洪岛

10月25日，6：45
萨马岛海战

莱特湾

莱特岛

10月24日
23：30

圣贝纳迪诺海峡

马斯巴特岛

维萨扬海

宿务岛

塔箬岛

吕宋岛

布里亚斯岛

内格罗斯岛

14：15
第四波空袭

15：50
第五波空袭

19：36
"武藏"号战列舰沉没

锡布延海

锡布延岛
朗布隆岛

班乃岛

马林杜克岛

12：45
第二波空袭

班顿岛

13：30
锡马拉
第三波空袭
塔布拉斯岛

塔布拉斯海峡

苏禄海

圣何塞

民都洛岛

10：26
第一波空袭

160 km

100 mile

10月24日
6：25
塞米拉拉群岛

0

0

海道 - 库页岛等地发起的登陆行动。"捷一号"作战计划是针对菲律宾的防御计划，在日军看来，这也是爆发概率最高的一场战事。此时，经历菲律宾海决死一役的日军航母部队尚未恢复元气，而驻防菲律宾的岸基航空兵力又明显不足，因此，"捷一号"计划的成功与否，很大程度上取决于主力舰的表现。

"捷一号"计划的核心是派遣第 1 游击部队进入莱特湾，阻击来袭美军舰队。第 1 游击部队由海军中将栗田健男指挥，编有包括"大和"号和"武藏"号在内的 7 艘战列舰，此外还有 11 艘重型巡洋舰、2 艘轻型巡洋舰和 19 艘驱逐舰。他们将兵分三路，直取莱特湾。

栗田健男亲自指挥两路舰队，编有 5 艘战列舰、10 艘重型巡洋舰、2 艘轻型巡洋舰和 15 艘驱逐舰，经锡布延海穿越圣贝纳迪诺海峡（San Bernardino Strait），从北侧进入莱特湾。另一路舰队由海军中将西村祥治指挥，编有 2 艘航速最慢的战列舰、1 艘重型巡洋舰和 4 艘驱逐舰，经苏里高海峡（Surigao Strait）从南侧进入莱特湾（日军希望栗田健男舰队与西村祥治舰队同时出现在莱特湾南北两侧）。此外，还有一支规模较小的舰队编为第 2 游击部队，由海军中将志摩清英指挥，他们将跟随西村祥治舰队，经苏里高海峡进入莱特湾。日军此次制订的作战计划可谓杂乱无章，尽管志摩清英舰队与西村祥治舰队的航路相同，但两者间毫无协作。

为实现上述作战计划，日军要设法歼灭哈尔西率领的第 3 舰队，或者至少转移他们的注意力。最理想的策略当然是出动岸基航空兵，但驻菲律宾的日军岸基航空部队战斗力屡弱，并不可靠。此外，如果所有驻菲律宾的战机都投入攻击美军航母的行动，就意味着将没有战机为栗田健男舰队提供空中掩护。因此，最现实的策略是调来尚在日本本土的、由海军中将小泽治三郎指挥的残余航母部队，将美军航母引向北方。这样，栗田健男舰队就能在没有空中威胁的情况下通过锡布延海。

小泽治三郎麾下的航母部队编有 1 艘舰队航母、3 艘轻型航母、2 艘战列舰、3 艘轻型巡洋舰和 8 艘驱逐舰。其中，2 艘战列舰（指伊势级"伊势"号和"日向"号，译者注）的舰艉主炮炮塔被拆除，原处改建为短距飞行甲板，摇身一变，成为所谓"航空战列舰"。坦率地说，这支航母部队势单力薄，舰载机总计仅有 116 架，勉强相当于美军一艘舰队航母的载机量。然而，他们在"捷一号"作战行动中肩负重任：第 1 游击部队的生死存亡，完全取决于这支航母部队能否成功将第 38 特混舰队引诱到北方。

日军的作战计划存在明显缺陷。首先，计划得以实施的前提，是水面舰队可以在毫无空中掩护的情况下，顶着遮天蔽日的美军机群进行长途奔袭，这显然是不切实际的。其次，美军的具体登陆时间和地点都是未知的，只有等到美军开始实施登陆行动，才能调集舰队出击。这导致日军舰队不可能及时向美军登陆场投射火力。事实上，即使一切都径情直遂，日军也只能在美军登陆后的第四天赶到莱特湾。换言之，他们冒着以寡敌众的风险出击，最终要面对的目标却只是空无一人的登陆运输船。

◀ 对页图：1944 年 10 月 24—25 日，日本帝国海军第 1 游击部队航线。日军作战计划的核心是让战斗力较强的第 1 游击部队（编有"大和"号和"武藏"号战列舰）到莱特湾阻击美军登陆舰队。日军舰队要抵达莱特湾，就必须穿越锡布延海和圣贝纳迪诺海峡，而美军很可能在途中发起空袭。事实也的确如此，栗田健男舰队在通过锡布延海时，遭到了美国海军舰载机的五波攻击。美军攻击的重点是"武藏"号。在鱼雷轰炸机和俯冲轰炸机的持续打击下，"武藏"号最终于 24 日晚沉没。2015 年 3 月，由保罗·艾伦（Paul Allen，微软公司联合创始人，亿万富翁）资助的私人探险队发现了位于海底 1120ft（341m）深处的"武藏"号残骸。除"武藏"号外，第 1 游击部队其余战舰均无大碍，且 24 日午夜前全部安全通过圣贝纳迪诺海峡。次日，在萨马岛海战中，"大和"号的 460mm 口径主炮向美军战舰发起了齐射，这是整场太平洋战争中仅有的一次

▲ 驻扎本土的日本帝国海军航母部队残部，将由海军中将小泽治三郎指挥参与"捷一号"作战行动

此外，日军的作战计划还面临一个巨大考验，即分散在广阔大洋中的各路舰队能否良好协作。"捷一号"计划的内容非常复杂，这也是日军在整个太平洋战争期间制订作战计划时的一贯作风。冒死赶往莱特湾的舰队必然要面临严峻的通信和协调问题。总之，"捷一号"计划看似完美，实际从一开始就不可能对扭转战局发挥什么作用，而且只可能让日军舰队陷入万劫不复的境地。倘若日军舰队能沉住气，待到10周后（1945年1月9日）美军登陆吕宋岛时再倾巢而出，舰载机部队和岸基航空部队就都有充裕的时间做好准备，为舰队提供有力的空中支援。不过，骰子已经掷出，一切只能听天由命了。

世界上最强大的超级战列舰终于要投入决战了。毫无疑问，此时的日军高层一定希望他们倾国力打造的"大和"号和"武藏"号能物有所值。

编制、训练及战术

美国海军航母舰载机飞行员

  从组织动员角度看，美国海军在珍珠港事件后开展的大规模舰载机飞行员训练计划堪称伟大的奇迹。战争中，美国海军培养了数以万计的训练有素的舰载机飞行员，有效地满足了太平洋战争这场史无前例的消耗战的紧迫需求。最初，美国海军的计划是每年培养 20000 名舰载机飞行员。1942 年 2 月，美国海军采用的是为期 11 个半月的舰载机飞行员培训课程。完成中级培训后，飞行员们就能获得飞行资格章和可观的薪水。更高级的培训课程侧重于不同种类飞机所需的专业操纵技能，包括在航母上的驾机起降技能。完

◀ 1943 年 5 月 1 日，一架隶属 VC-22 中队的 TBF-1 "复仇者" 鱼雷轰炸机，可见其起落架和尾部拦阻钩均已放下，正准备在 "独立" 号轻型航母（USS Independence, CVL-22）上降落。为在战机意外失控时迅速逃离，飞行员打开了驾驶舱盖。该机右翼下装有一具与 ASB 雷达配套的八木天线，左翼下也有一具。VC-22 中队后来改编为 VT-22 中队，相继部署在 "独立" 号轻型航母和 "贝劳伍德" 号轻型航母（USS Belleau Wood, CVL-24）上，参与了太平洋战争的多场战役

成全阶段培训后，飞行员们都会具备至少350小时的飞行时间。

在分配到一艘身处太平洋战场的航母上，成为某航空大队的正式一员后，新飞行员们就要为真正的战斗做准备了。编入作战中队的新飞行员，要努力在短时间内掌握实战战术和技巧。尽管这些聪明的小伙子已经接受了将近一年的训练，但组建一支新航空大队仍然非常耗时且困难重重。第18航空大队成立于1943年7月20日，由身经百战的威廉·埃利斯中校（William Ellis）指挥。起初，隶属第18航空大队的3个中队彼此间是竞争关系，在经过长期训练与磨合后才组成一个新团队。1944年2月24日，他们完成训练后离开加利福尼亚州前往夏威夷。这3个中队在中太平洋继续开展强度更高的实战训练，即便如此，他们在协同作战时依然存在问题，而良好的协同能力又是攻击敌舰的必备素养。同年7月，第18航空大队入驻"勇猛"号航母（USS Intrepid，CV-11，属埃塞克斯级），随后正式投入战场。

到1945年，美国海军的舰载机飞行员缺额问题已经愈发严峻。此前，军方高层预判战争将很快结束，因此减少了新飞行员的征召规模，可事实证明这是彻头彻尾的误判。尽管如此，至少相比对手而言，美国海军航空兵的总体训练质量还是非常高的。海军航空大队通常由久经战火考验的"战场老鸟"指挥，而新飞行员在首次参战前，平均都能累积525小时的飞行时间。

1944年下半年，美国海军航母编队面临着空前的压力。由于太平洋战场战事频繁，许多航空大队发现，想让"菜鸟"们顺利完成为期6个月的战场适应性训练是非常困难的。此外，来自日军神风特攻队的威胁，使前线的舰载机部队出现了令人不安的厌战情绪，当务之急是要将那些身心俱疲的飞行员尽快替换下来。

▼ 1944年2月，VT-6中队的军官们在"复仇者"鱼雷轰炸机前合影。当年1—3月，第6航空大队接替第18航空大队部署到"勇猛"号航母上，因为后者一直没能有效解决各中队间的作战协同问题。尽管"复仇者"鱼雷轰炸机和"地狱潜行者"俯冲轰炸机在单次任务中的损失都不大，但连续战斗和一些失误导致的累积损耗还是很严重的，因此前线舰载机中队要在不同航母上轮值，避免过度消耗

TBM "复仇者" 鱼雷轰炸机驾驶舱布局

1—瞄准具
2—进气歧管压力表
3—高度表
4—空速表
5—弹药计数器①
6—弹药计数器②
7—弹药计数器③
8—转速表
9—爬升率指示仪
10—转弯/侧滑仪
11—磁罗盘
12—陀螺地平仪
13—AYD 高度控制仪
14—机油温度表
15—驾驶舱照明装置（X2）
16—伸缩式绘图板
17—无线电高度指示仪
18—手动燃油泵
19—点火开关
20—"鱼鳞板"操作手柄
（"鱼鳞板"指发动机整流罩风门）
21—鱼雷/炸弹舱门开关
22—绘图板照明装置
23—机翼锁定安全手柄
24—发动机三联仪表组
25—燃油表

26—ARB 接收机遥控调谐器
27—百叶窗式燃油冷却器开关
28—油门杆
29—增压器控制手柄
30—气缸头温度表（气缸头即发动机气缸盖）
31—起落架控制手柄
32—着陆襟翼控制手柄
33—方向舵踏板
34—机油压力表
35—机枪装弹手柄
36—燃油压力表

37—检查清单板
38—升降舵调整片控制器
39—方向舵调整片控制器
40—升降舵调整轮
41—真空计
42—飞行员座椅
43—电路断路器重置按钮
44—主配电板
45—AN/ARC-5 飞行员接收机控制单元
46—ARB 接收机控制单元
47—信号灯控制单元
48—主武器控制面板
49—自动定向仪（无线电罗盘）
50—燃油箱选择阀
51—机枪控制手柄
52—操纵杆
53—螺旋桨桨距控制杆
54—起落架与襟翼位置指示器
55—手动液压泵
56—AYD 指示灯
57—飞行员座椅扶手

美国海军航空兵反舰战术

　　到 1944 年，美国海军舰载机部队已经掌握了历经战火检验的实用反舰战术。这一战术的关键在于战斗机、俯冲轰炸机与鱼雷轰炸机的密切协同。战争初期，预热不足的美军舰载机部队很难对敌舰发起有效的协同攻击。随着通信技术和战术理论的逐渐成熟，问题相继迎刃而解，他们的协同攻击愈发成熟且高效。尽管各航空大队在攻击时可以各行其是，但美军舰载机部队还是设置了更高层级的协调员，以确保集中兵力攻击最有价值的目标，同时避免在单一目标上分配过多兵力。

　　实际上，美军舰载机部队的反舰战术很简单。"地狱猫"战斗机率先出击，消灭敌舰上空的护航战斗机后，"地狱潜行者"俯冲轰炸机出击。标准的俯冲轰炸战术过程分为两个阶段：第一阶段从 20000ft（6096m）高度开始进行小角度俯冲，第二阶段从 12000~15000ft（3658~4572m）高度开始进行大角度俯冲。一个俯冲轰炸机中队编有 18 架"地狱潜行者"，分为 3 组，每组 6 架。作战行动中，3 组"地狱潜行者"会从不同方向冲向敌舰，使其无从逃遁。理想状态下，俯冲轰炸机会沿敌舰纵轴方向发起攻击，这样能使目标在投弹手的视野中最大化。有鉴于此，日军战舰在遭到美军俯冲轰炸机攻击时，通常会通过回转机动进行规避，因为这样能使俯冲轰炸机投弹手眼中的战舰纵轴不断变化。俯冲轰炸第二阶段的俯冲角度为 65°~70°，当（距海平面）高度降至 1500~2000ft（457~610m）时，便可开始投弹。

　　消灭敌舰上空的护航战斗机后，战斗机的任务还没有结束。它们会从 10000ft（3048m）的巡航高度俯冲而下，对敌舰进行扫射，以削弱其防空力量，同时转移其注意力，为己方鱼雷轰炸机创造攻击机会。

▶ 1943 年 11 月 28 日，一架 VT-16 中队的 TBF"复仇者"鱼雷轰炸机正准备从"列克星敦"号航母上起飞。这架"复仇者"挂载了 250lb 炸弹。VT-16 中队将协助 VB-16 中队和 VF-16 中队空袭马绍尔群岛上的日军目标。除 Mk 13 航空鱼雷外，"复仇者"还可挂载 2000lb 炸弹，执行对地打击任务

　　在对付大和级战列舰这样的重装甲目标时，协同攻击的关键是最后阶段的鱼雷攻击。1945 年，美国海军根据演习经验和实战教训修订了鱼雷攻击战术，鱼雷轰炸机不再采用低空低速战术，取而代之是高空高速战术。新战术极大提高了鱼雷轰炸机的战场生存概率。实验证明，最佳攻击方式是在 800ft（244m）高度以 260kn（482km/h）的飞行速度投放鱼雷，这样能使 Mk 13 航空鱼雷的可靠率达到 92%。

　　为"复仇者"鱼雷轰炸机量身打造的攻击战术称为"铁砧"（Anvil），要求战机分别从敌舰舰艏两舷方向同时接近。这样一来，敌舰无论如何机动，都不可能规避鱼雷攻击。对"复仇者"鱼雷轰炸机的飞行员而言，想要抓住投放鱼雷的最佳时机，不仅要具备过硬的驾控技能，还要有大量的训练和实战积累。飞行员必须正确判断座机的飞行速度、飞行高度和下滑角，才能在正确的距离向敌舰投放鱼雷。其中，下滑角是重中之重。如果下滑角过大，则鱼雷入水时可能受冲击损坏；如果下滑角过小，则鱼雷控制系统很难正常工作。倘若一切

操作都如教科书般标准，那么鱼雷就会以 28° 倾角做出历时 7 秒的抛物线运动，在入水前滑翔约 3000ft（914m）远。

此外，鱼雷入水后的自航距离要达到约 1200ft（366m）击中敌舰后才

冲向敌舰

　　"复仇者"鱼雷轰炸机的飞行员必须兼具高超技能与无畏之心。图中展现了飞行员坐在驾驶舱中的视角。飞行员要同时考虑多重因素，包括座机飞行速度、飞行高度、下滑角以及鱼雷投放距离，才可能实施有效打击。Mk 13 航空鱼雷的投放条件非常苛刻，如果载机下滑角过大，则其入水时可能损坏；如果载机下滑角过小，则其控制系统无法正常工作。

　　只要飞行员技术高超，且上述因素都能处理得当，"复仇者"就会以 260kn（482km/h）速度

在 800ft（244m）高度上接近目标。投放鱼雷后，鱼雷会以 28° 倾角滑翔 3000ft（914m），在 7 秒后入水。为确保击中目标后正常引爆，鱼雷入水后要自航约 1200ft（366m）。这意味着飞行员要在距离目标 4200ft（1280m）处投放鱼雷。

　　图中这架"复仇者"正高速接近"大和"号战列舰右舷，而"大和"号正全速前进，同时以 127mm 口径高炮和 25mm 口径机关炮还击。即将投放鱼雷时，飞行员必须保持航路稳定，确保鱼雷以理想状态入水。投放鱼雷后，飞行员会向目标甲板方向俯冲，并尽快飞出其防空火力覆盖范围。

能正常引爆。这意味着在距离敌舰 4200ft（1280m）处投放鱼雷是飞行员的最佳选择。

判断目标距离需要一定技巧和丰富的实战经验。战争初期，美国海军飞行员们经常会将距离估计得过近。如果过早投放鱼雷，敌舰就会有充足的时间进行机动规避；如果过晚投放鱼雷，鱼雷就不能正常引爆。训练有素的飞行员能目视判断敌舰回转规避时的鱼雷投放时机。在日常训练中，飞行员们会逐渐掌握战舰回转时的航速变化规律。为进一步提高投雷精度，美军又为"复仇者"鱼雷轰炸机安装了测距雷达，使飞行员在驾机接近目标过程中能随时获知目标距离。

实际攻击时，面对敌舰的防空炮火，"复仇者"鱼雷轰炸机必须不断通过横滚和改变飞行高度来规避，但在投放鱼雷前的一小段时间，又必须保持固定航路。投放鱼雷后，"复仇者"会进行偏航机动，紧贴敌舰甲板脱离，尽快飞出敌舰防空火力覆盖范围。尽管鱼雷攻击战术相对成熟，但战争初期的美军鱼雷轰炸机中队并没能取得像样的战绩，因为他们饱受鱼雷设计缺陷之苦。

1942 年 3 月 10 日，美国海军航空兵开展了战争期间的首次鱼雷攻击行动。当天，隶属驻"列克星敦"号航母（USS Lexington，CV-2）VT-2 中队的 TBD"蹂躏者"鱼雷轰炸机群，攻击了日军入侵新几内亚、莱城和萨摩亚的船队。由于日军船队航速较慢，又没有空中掩护，美军的空袭令他们束手无策。然而，在这样的大好形势下，美军鱼雷轰炸机群投放的 13 枚 Mk 13 航空鱼雷最终只击沉了 1 艘日军运输船。1942 年 5 月 4 日，隶属驻"约克城"号航母（USS Yorktown，CV-5）VT-5 中队的 TBD 鱼雷轰炸机群攻击了锚泊在图拉吉港外和附近岛屿的日军战舰。这次空袭美军投放了 22 枚 Mk 13 航空鱼雷，仅 1 枚击中目标。3 天后（5 月 7 日），Mk 13 航空鱼雷总算迎来扬眉吐气的一刻。22 架 TBD 鱼雷轰炸机攻击了日军轻型航母"祥凤"号。拜日军防空炮火孱弱所赐，第一波来自 VT-2 中队的 12 架 TBD 鱼雷轰炸机有足够的时间对"祥凤"号开展"铁砧"攻击。美军飞行员报告称有 9 枚鱼雷击中"祥凤"号，但事后确认是 5 枚。不过，有必要说明的是，面对一艘已经被俯冲轰炸机重创，只能在海面"坐以待毙"的航母，组织鱼

◀ TBD"蹂躏者"鱼雷轰炸机与 Mk 13 航空鱼雷这对"搭档"的高光时刻出现在 1942 年 5 月 7 日。当天，两个中队的鱼雷轰炸机对日军轻型航母"祥凤"号发起攻击。照片中，一架隶属驻"列克星敦"号航母 VT-2 中队的"蹂躏者"刚投下鱼雷，正偏航脱离航路（注意鱼雷入水时激起的水花）。在理想情况下，使用可靠性较高的改进型 Mk 13 航空鱼雷通常能取得不错的战果

▶ 这是一幅流传甚广的照片，展现了中途岛海战中正进行回转规避机动的日军"飞龙"号航母，可见从高空攻击海面上的机动战舰有多么困难。当时，"飞龙"号躲过了B-17轰炸机群从20000ft（6096m）高空投下的一连串500lb（226.8kg）炸弹。由于高空轰炸战术在反舰作战中很难奏效，美日双方都很依赖俯冲轰炸战术

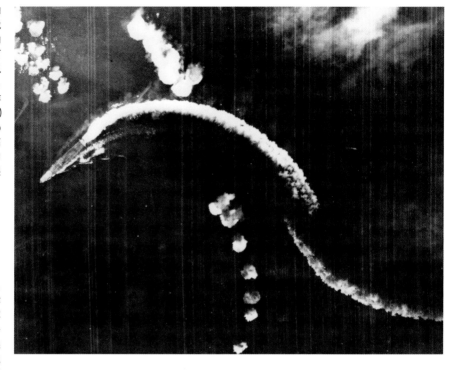

▼ 1942年11月13日，美国海军首次用鱼雷轰炸机攻击日军战列舰。日军"比叡"号战列舰在前一天夜间的战斗中遭创，操舵装置损坏，无法离开战场。天亮后，"比叡"号遭到70多架次战机的轮番攻击，尽管进一步受损，但直到被"复仇者"鱼雷轰炸机投下的4枚鱼雷击中前，都丝毫没有沉没的势头

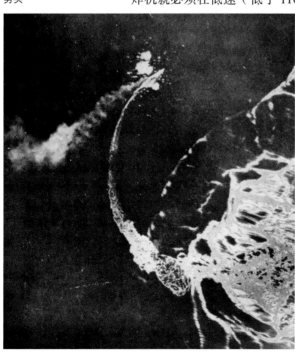

雷轰炸机群发动鱼雷攻击并没有多大难度。随后，10架来自"约克城"号航母的鱼雷轰炸机又发起第二波空袭，它们排成一列纵队，集中攻击"祥凤"号的右舷，又多次近距离击中目标。

　　5月7日的战斗表明，要想使Mk 13航空鱼雷发挥作用，TBD鱼雷轰炸机就必须在低速（低于110kn，204km/h）低空条件下投放。但如果目标具备防空能力，这两个条件就是完全不现实的。此外，要注意VT-2中队装备的是入列时间较早但相对可靠的Mk 13 Mod 0航空鱼雷。

　　翌日（5月8日），在一场更激烈的战斗中，TBD鱼雷轰炸机与Mk 13航空鱼雷这对"搭档"的局限性便暴露无遗。当天，美军机群的目标是航速较快且防空体系完备的日军舰队航母"翔鹤"号。来自"约克城"号航母的航空大队对"翔鹤"号发起了协同攻击。俯冲轰炸机完成攻击后，TBD鱼雷轰炸机立即进入攻击航路，9架"蹂躏者"在距目标1000~2000yd（914~1829m）时投放了9枚鱼雷，但无一命中，甚至有人目击到有鱼雷在海里乱窜。来自"列克星敦"号航母的11架"蹂躏者"表现更差，因为"翔鹤"号航母竟然"跑"得比他们的鱼雷还快。

　　对美国海军而言，有关珊瑚海战役的争论尚未停息，一场更大的灾难便以血腥的方

式宣告了 TBD "蹂躏者"鱼雷轰炸机服役生涯的终结。1942 年 6 月的中途岛海战中，3 个中队共 41 架 "蹂躏者"奉命攻击日军航母。其中，只有 11 架正常投放了鱼雷，但都被目标轻松避开。在日军战斗机的围追堵截中，最终仅有 6 架 "蹂躏者"全身而退。

在瓜达尔卡纳尔岛附近爆发的两次航母对决中，"复仇者"鱼雷轰炸机同样没能品尝到胜利的滋味。所幸，1942 年 11 月 13 日，"复仇者"们终于证明了在相对理想的条件下发起鱼雷攻击绝对是有效的。前一天晚上，日军的旧式战列舰 "比叡"号在一次水面战中遭创，因操舵室损坏而无法回转机动。美军抓住机会，在 11 月 13 日出动了 70 架次战机，企图彻底摧毁这艘战列舰。然而，尽管 "老骥伏枥"的 "比叡"号既没有空中掩护，也没有规避机动能力，但仍然具有较强的抗沉性和可观的防空火力。当天早些时候，"复仇者"机群发射的 Mk 13 航空鱼雷中有两枚击中 "比叡"号，但没能将它送入海底。直到下午，又被两枚鱼雷击中的 "比叡"号才彻底沉没。

由于 1942 年后鱼雷攻击战术被束之高阁，在 1944 年 6 月的菲律宾海海战中，大部分 "复仇者"鱼雷轰炸机都已经不再携带鱼雷，改为用炸弹攻击目标。值得注意的是，在 1944 年 6 月 20 日对日军舰队的空袭中，隶属驻 "贝劳伍德"号轻型航母（USS Belleau Wood, CVL-24）VT-24 中队的 "复仇者"机群，只用一枚鱼雷就击沉了日军的 "飞鹰"号轻型航母（"飞鹰"号由豪华邮轮改装而成，排水量仅 20000t，严格意义上讲并不能算轻型航母，译者注）。与此同时，被炸弹击中的 3 艘日军航母却都侥幸生还。

日本帝国海军战列舰舰员

战争之初，日本帝国海军舰队的人员选拔和训练仍秉持着 "少而精"的原则，这也是他们试图以质量弥补规模劣势的核心策略。不过，训练有素但规模较小的部队很难适应持久消耗战的轮替需求。因此，当战事愈演愈烈时，日本帝国海军不得不通过降低选拔和训练标准来扩充人员规模，以求尽快填补作战缺额。像 "大和"号和 "武藏"号战列舰这样的 "舰队骄傲"，自然拥有精挑细选的优秀舰员团队。由于日军战列舰的舰员大多 "从一而终"，很少调岗，"大和"号在整个服役生涯中都保有相对固定的核心舰员团队，而 "武藏"号至少在战争初期也是如此。更重要的是，两艘战列舰的舰员们都为能在 "有史以来最强大"的战舰上服役而备感自豪，也渴望着一场通往荣耀之路的战斗。

到 1944 年，日本人已经与胜利渐行渐远。好在，"大和"号和 "武藏"号的舰员们还一如既往地保持着高昂的士气，他们大都盼望着早日参与作战行动，在烈焰与硝烟中证明自己。尽管人员规模的不断扩充使 "大和"号和 "武藏"号上的空间愈发局促，但舰员们依然享受着相比其他舰上的同僚们更 "奢侈"的私人空间。此外，两舰的居住条件在日军中也是最好的：军官有专门招待访客的独立客舱，士官也有个人独立舱室，他们的起居空间与基层士兵是完全分离的（大和级战列舰因此被日军舰员们昵称为 "大和旅馆"，译者注）。

美国海军上将威廉·F. 哈尔西

威廉·哈尔西是美国海军航空兵先驱，也是击沉"武藏"号战列舰的"导演"。哈尔西 1904 年毕业于美国海军学院（US Naval Academy），服役早年的大部分时光都在鱼雷艇和驱逐舰上度过。1934 年，他的军旅生涯迎来转折。那年，时任美国海军航空局（the Bureau of Aeronautics）局长欧内斯特·金推荐哈尔西出任"萨拉托加"号航母（USS Saratoga, CV-3）舰长。根据规定，航母舰长必须是海军飞行员出身，这意味着哈尔西在掌管"萨拉托加"号前，必须完成为期 12 周的为高级军官"定制"的航空培训课程。1935 年 5 月 15 日，哈尔西获得飞行员资格，时年 52 岁的他因此成为当时航母部队中最年长的飞行员。

1938 年，哈尔西晋升为海军少将。1941 年 12 月太平洋战争爆发时，他既是资深航母编队指挥官，也是海军航空部队指挥官。哈尔西坚信，航空部队将成为美国海军的中坚力量，珍珠港事件有力地佐证了他的观点。此后，美国海军仅存的几艘航母成为太平洋舰队的核心，在空袭日占岛屿行动中发挥了关键作用。1942 年上半年，哈尔西扮演了"最富侵略性"的航母指挥官角色。他坐镇"企业"号航母（USS Enterprise, CV-6）参加了当年 2 月对吉尔伯特群岛和马绍尔群岛的空袭行动，以及 3 月对威克岛的空袭行动。4 月，哈尔西指挥的第 16 特混舰队参与了可歌可泣的"杜立特空袭"行动（Doolittle Raid, 即空袭东京行动，因由退役陆军航空队中校詹姆斯·哈罗德·杜立特策划而得名，译者注）。

哈尔西因患皮肤病错过了中途岛海战，康复后奉命前往瓜达尔卡纳尔岛，由此走上军旅生涯的巅峰。日军在这场战役中（指瓜岛战役）并没有倾尽全力，"大和"号战列舰甚至一直停泊在特鲁克

环礁里无所事事。而美军在哈尔西的率领下全力以赴，连续击退了日军在 10 月和 11 月发起的两次攻势。哈尔西的决策有时也稍显鲁莽：在圣克鲁兹海战中，他的航母远离岸基航空兵保护；在瓜达尔卡纳尔岛附近海域，他将"华盛顿"号和"南达科他"号战列舰置于随时可能遭鱼雷攻击的险境。不过，也许幸运之神偏爱勇者，他并没有因这些"冒险"行动而体尝败绩。

1943 年，哈尔西率美军舰队从所罗门群岛一路挺进，最终使驻拉包尔日军陷于孤立无援的境地。当年 11 月，哈尔西大胆派出两个航母航空大队对拉包尔开展空袭，有效削弱了日军舰队，也策应了正在布干维尔岛（Bougainville）登陆的兄弟部队，使他们免遭日军攻击。

1944 年 5 月，哈尔西就任第 3 舰队司令，继续以标志性的"侵略"风格指挥航母特混编队开展了一系列空袭，为进攻菲律宾做准备。在接下来的莱特湾海战中，哈尔西做出了自己战争期间最具争议性的决定。痛击日军第 1 游击部队后，他命令第 3 舰队北上，攻击已丧失作战能力的日军航母。这使圣贝纳迪诺海峡陷入防御真空状态，日军栗田健男舰队趁机由此南下进入莱特湾，袭击了编有大量防御力赢弱的护航航母的第 7 舰队。

哈尔西事后声称，他这样做是因为不愿分散兵力。但这个理由有些站不住脚，因为他麾下舰队即使分头行动也有足够实力应对日军威胁。事实上，10 月 25 日，在接到第 7 舰队的求救信号后，他不得不多次分兵施救。

面对残局，哈尔西只能亡羊补牢，派出航速最快的战列舰赶往圣贝纳迪诺海峡，防止栗田健男舰队由此逃窜。遗憾的是，他们比日本人晚到了几小时。栗田健男舰队最终侥幸逃脱，"大和"号战列舰也因此错过了直面美军战列舰的机会。

九六式 25mm 口径机关炮

　　这幅彩图描绘了 1945 年 4 月 7 日，"大和"号战列舰上一个三联装 25mm 口径机关炮组迎击美军 VT-84 中队 "复仇者" 鱼雷轰炸机的场面。炮组编有 9 人，其中 6 人为装弹手，负责更换 15 发容量弹匣。可见，装填手们正拼命拆除弹药箱上的封条，以保障持续射击。

　　九六式有很多缺陷，实战表现并不理想。由于弹匣容量过小，战时需要频繁更换弹匣，导致九六式的单门实际射速只有 100~110 发 /min。此外，25mm 口径炮弹仅重 8.82oz（250g），面对 "复仇者" 鱼雷轰炸机这样的对手时，即使准确命中也只能给它们造成轻微损伤。根据技术规范，九六式通常在目标距离 2750yd（2515m）左右时开火。

　　九六式机关炮可由九五式或四式火控仪引导射击，但这两型火控仪对快速飞行的目标束手无策。同时，作为应急方案，每个机关炮位都能利用环形机械瞄具目视瞄准射击。为辅助炮手把握炮弹飞行轨迹，进而不断调整方位和俯仰角，一般每 5 发炮弹串装 1 发曳光弹。

　　九六式机关炮的低效，使日军战舰在面对愈发猛烈的空袭时逐渐丧失了招架之力。1944 年 10 月 24 日，美军在攻击日军第 1 游击部队时损失了 18 架战机，而 1945 年 4 月 7 日，美军在攻击 "大和"号编队时仅损失了 10 架战机。

▶ 1944 年 10 月 24 日，驻"富兰克林"号航母（USS Franklin, CV-13）VB-13 中队的飞行员们正检查一架"地狱潜行者"俯冲轰炸机的受损情况，他们刚完成对"武藏"号战列舰的空袭任务。可见后座机枪手站在右翼上手拿两具降落伞。VB-13 中队在 1944 年 7—10 月间部署在"富兰克林"号航母上

　　战争期间，两舰都曾多次扩编员额，这主要源于新加装的防空火炮需要更多人手操作。每座三联装 25mm 口径机关炮需要 9 人操作，另外还要算上操作火控仪、搬运弹药以及给炮组提供后勤服务的人。到 1945 年时，"大和"号上的居住空间几乎到了寸步难行的地步，连通道里都挂满了吊床。

　　"武藏"号的舰员们在猪口敏平舰长的指挥下，都接受了极其严格的训练。炮术长出身的猪口敏平是日本帝国海军中最优秀的炮术军官之一。得益于林加泊地充足的燃料储备，猪口敏平能频繁组织外海训练。

　　在认真研究过"捷一号"作战计划后，猪口敏平意识到，要想实现作战目标，就必须尽一切可能使"武藏"号在必然发生的高强度空袭中生存下来。于是，他采用近乎冷酷的方式训练防空炮组，同时规划了周密的分层防御方案：460mm 口径主炮用于远程防空，127mm 口径高炮用于中程防空，25mm 口径机关炮群用于近程防空。

　　经验老到的猪口敏平还认识到，在没有空中掩护的情况下，高强度空袭必然会给"武藏"号造成难以估量的损伤，因此舰上损管人员必须做好充分准备。他经常会刻意制造一些险情来磨炼损管人员，例如，人为使舰体向一侧倾斜，让损管人员练习注水纠偏程序。还有每天两次的面向全体舰员的水密舱门关闭训练。由于舱门的闭锁程序相对繁琐，想要在紧急情况下保证尽快关闭，就必须持续开展日常训练，使操作技能内化为舰员们的本能。此外，猪口敏平还组织了大量进攻战术演练，例如突入美国运输船的锚泊地。实战中，"武藏"号的舰员们，尤其是损管人员的表现，无疑证明了严格训练的价值。

日本帝国海军防空战术

日本帝国海军将舰载战斗机视为水面舰艇防空屏障的核心。太平洋战争初期，日军舰载战斗机表现出色，但这要拜他们当时高素质的飞行员队伍所赐。到 1944 年 10 月，受制于原有培训体系的低效，以及不得不推行的"滥竽充数"式的兵员补充策略，日军在飞行员素质上的优势已经荡然无存。日军航母部队的战斗力也因此变得异常孱弱，逐渐沦为战斗中的"诱饵"角色。如此一来，日军水面舰艇部队在面对美军机群时就只能靠防空炮自保了。

为应对与日俱增的空中威胁，日军开始"疯狂"地为战舰加装各式防空炮，其中数量最多的就是 25mm 口径机关炮。只要能保证一定射界，他们就会绞尽脑汁地将这种机关炮"塞"到舰上。驱逐舰最多能安装 26 门 25mm 口径机关炮，重型巡洋舰最多能安装 60 门，战列舰则最多能安装超过 100 门。"大和"号和"武藏"号的安装量分别达到了 152 门和 130 门。

与此同时，日军也清醒地意识到，这些防空炮面对高强度空袭依然是杯水车薪。因此，他们的战舰在遭到空袭时非常依赖大幅度规避机动。保持编队阵形和固定航线能使防空火力更为集中，获得更好的毁伤效果，但日军战舰宁愿选择各自为政，分散开展规避机动。美军飞行员经常能看到他们进行回转机动，尽管战术条令明文要求做"之"字形机动。这样一来，的确大幅增加了俯冲轰炸和鱼雷攻击的难度，但也使防空火炮很难充分发

▼ 一架隶属 VB-15 中队的"地狱潜行者"俯冲轰炸机正准备在"埃塞克斯"号航母上降落，它的垂直尾翼被日军高炮打掉了一大块。1944 年 5—11 月，VB-15 中队对位于马里亚纳、帕劳、中国台湾和菲律宾的日军基地和船舶开展了多轮空袭。在美国海军中，VB-15 中队保持着击伤 / 击沉日本运输船和军舰的最高总吨位数纪录

日本帝国海军中将栗田健男

栗田健男是日本帝国海军"捷一号"作战计划的核心指挥官。1938年11月，他晋升海军少将衔。太平洋战争爆发时，栗田担任第7战队司令官，麾下有4艘最上级重型巡洋舰。这支舰队颇具实力，参加了太平洋战争初期的诸多战斗。

1942年，栗田舰队支援陆军入侵爪哇岛，击沉了美军重型巡洋舰"休斯顿"号（USS Houston, CA-30）。随后，他们又奔赴印度洋，在击沉孟加拉湾13.5万t盟军运输船的战斗中厥功至伟。1942年6月的中途岛海战中，栗田初次领教了美国海军航空兵的实力。美军舰载机击沉了他麾下的1艘重型巡洋舰（"三隈"号，译者注），重创1艘（"最上"号，译者注）。7月，栗田就任编有两艘金刚级战列舰的第3战队司令官。在他的指挥下，"金刚"号和"榛名"号战列舰于当年10月13日夜对瓜达尔卡纳尔岛的亨德森机场进行了毁灭性炮击，使这座机场一度陷于瘫痪。

这是整个太平洋战争期间日军战列舰取得的最大战果。

1943年，栗田就任第2舰队司令官。这支舰队编有日军大部分战列舰和重型巡洋舰。菲律宾海战期间，第2舰队奉命为航母编队护航。在保卫菲律宾的战斗中，栗田负责指挥第1游击部队，执行看似毫无胜算的突袭莱特湾任务。

栗田舰队冒着巨大风险，目标却仅仅是盟军的运输船。许多军官对此疑惑不解，他们甚至不认为自己的舰队能成功抵达莱特湾。1944年10月21日，栗田召集部下详细讨论了"捷一号"作战计划。尽管栗田自己很可能也对这项作战计划持保留意见，但面对一片质疑，他只是提醒与会军官，他们被赋予了"一个光荣的机会"。栗田号召军官们做出最大牺牲，他宣称"国破而军舰尚存是莫大的耻辱"。会议最后，栗田反问道："在关乎帝国命运的决战中，谁说我们不能扭转乾坤？"

实际上，栗田在整场战役中的表现，恰恰证明他并没打算孤注一掷。在战役最关键的时刻，他原本能率舰队冲进莱特湾，抵达战前预想的阵位，为日军赢得一场皮洛士式的胜利（Pyrrhic Victory，意为惨胜，即得不偿失的胜利，源于古希腊伊庇鲁斯国王皮洛士，他率军击败了罗马军队，但为此付出了惨重的代价，译者注）。但栗田放弃了这个机会，因为他很清楚，冲进莱特湾几乎就意味着有去无回。

10月24日，在目睹过"武藏"号战列舰遭美军空袭的下场后，栗田临时决定让舰队转向西方航行，为航空兵空袭哈尔西的航母编队创造机会，同时减轻自己舰队所面临的防空压力。接丰田副武大将（日军联合舰队司令官）命令后，栗田舰队再次调转航向，安然通过圣贝纳迪诺海峡，沿萨马岛向南航行，目标直指莱特湾。次日清晨，一支美军航母编队突然气势汹汹地出现在海平面上。"仓皇无措"的栗田没能组织舰队发起全面反击，他甚至不知道自己面对的其实只是一支航速缓慢、防护孱弱的护航航母编队。在击沉1艘护航航母和3艘驱逐舰后，栗田立即率舰队脱离战斗。是役，"大和"号战列舰破天荒地用主炮轰击了美军战舰，但这也是它整场战争中获得的唯一一次开火机会。

结束与美军护航航母编队的战斗后，栗田命令舰队向北方撤离并重整编队。此时，噩耗接踵而至，西村祥治舰队在苏里高海峡全军覆没，小泽治三郎舰队遭重创。经过深思熟虑后，栗田放弃了突袭莱特湾，转而从圣贝纳迪诺海峡撤离。日军付出巨大牺牲为栗田舰队创造的战机就这样付诸东流。栗田的选择挽救了舰队主力，包括"大和"号，但也使"捷一号"作战计划功亏一篑。当年12月，栗田因决策失误被解职。战后，栗田坦言，他之所以选择撤退，是不想让手下官兵为一次虚无缥缈的行动而白白送命。显然，栗田用自己的方式诠释了真正的勇气。

挥作用。更糟糕的是，各自为政的机动策略会打乱作战编队的阵形和秩序，使各舰之间无法形成有效协同和支援。

操纵像"大和"号这样的巨舰规避鱼雷显然是极具挑战性的。一名"大和"号上的幸存军官描述了1945年4月7日的一段惊险历程：

> "海面上，鱼雷留下的白色航迹看上去非常漂亮。我们在绘图板上估算鱼雷的距离和航行角度，只有让我们的航线与鱼雷的航迹平行，才可能躲过一劫。好几枚鱼雷一起扑向我们时，我们只能选择先规避距离最近的那一枚。航行相当长的一段距离后，我们才能确定躲过了这枚鱼雷，准备转舵躲避下一枚鱼雷。整个过程要保持高度警惕，精准的计算和果敢的决策也不可或缺。舰长就在露天防空指挥所里，他在那里能俯瞰全舰。两名少尉负责协助舰长，他们在操纵面板上画出鱼雷航迹，然后指给舰长看。"

在防御美军俯冲轰炸机和低空飞行的鱼雷轰炸机时，日军的基本战术是制造防空弹幕。只有在对付航路可预测的高空轰炸机时，防空炮才会在瞄准目标后开火。127mm口径高炮和25mm口径机关炮都能制造防空弹幕。127mm口径高炮主要对付处于中高空的普通轰炸机，对俯冲轰炸机的有效毁伤高度不超过10000ft（3048m），对鱼雷轰炸机的有效毁伤距离不超过7500yd（6858m）。25mm口径机关炮主要对付俯冲轰炸机，必要时也能对付鱼雷轰炸机。美军截获的日军战时通信表明，25mm口径机关炮在目标接近到距本舰2750yd时（2515m）才会开火。由于炮位附近储存的弹药有限，炮手必须节约弹药，以应对持续空袭。此外，日军禁止炮手在目标飞离时继续射击。

日本人很清楚，面对美军持续增大的空袭强度，他们的防空武器早已不堪重负。"大和"号的一名幸存舰员回忆了击中美军战机是一件多么困难的事：

> "想击中鱼雷轰炸机和俯冲轰炸机，就必须在目标距离很远时瞄准一条预估的航线打提前量。但美军战机往往会使尽浑身解数来防备我们。我们的战舰在做'之'字形规避机动时他们仍然会持续发起攻击，这种情况下，我们每次试图瞄准目标时都要迅速对高度角和方位角进行大幅调整。瞄准这么远的目标对单门机关炮而言非常困难，因此我们的命中率很低。
>
> 每5发炮弹中会串装1发曳光弹。炮手要通过观察曳光弹的茶色飞行轨迹与目标航迹的交汇点来修正射击距离和角度偏差。当目标角速度很大时，就算距离很近，也很难击中。"

到1944年中期，美军已经对日军战舰的弹幕防空战术习以为常。25mm口径机关炮是制造防空弹幕的最有效武器，它给美军造成的伤亡量是127mm口径高炮的3倍。

莱特湾海战和冲绳特攻

日本帝国海军第 1 游击部队的艰苦跋涉

1944 年 10 月 17 日清晨，苏禄安岛（Suluan Island，位于莱特湾东侧）上的日军观察哨报告称，美国海军舰队已经抵达莱特湾，这证实了日军之前的猜测。联合舰队司令官丰田副武大将随即命令"捷一号"作战计划参战部队做好战斗准备。待明确美军意图后，丰田下令于 10 月 18 日 11：10 开始行动。按计划，日军将在 10 月 25 日突入莱特湾，击溃美军登陆部队。

与此同时，10 月 20 日登陆莱特湾的美军主力只遭到轻微抵抗。第一波冲滩的运输船很快完成卸载，并于夜间驶离登陆场。后续梯队也都顺利抵达滩头，截至 10 月 25 日，已有 13.24 万名登陆官兵完成集结，两个主要登陆场上堆放了近 200 万 t 作战物资。由此不难看出，日军的"捷一号"作战计划是何等失败：他们准备攻击的是一支已经完成登陆，且建立了牢固滩头阵地的部队。到 24 日午夜，滞留在登陆场海域的美军舰队只剩下 3 艘指挥舰、1 艘运兵船、23 艘坦克登陆舰、2 艘中型登陆舰和 28 艘自由轮。就算日军舰队能成功突入莱特湾，并将这些舰艇全部击沉，也丝毫无法阻碍美军的陆上作战行动。

1944 年 10 月 18 日凌晨 1：00，日军第 1 游击部队（下称栗田舰队）离开林加泊地，前往婆罗洲北部的文莱湾。在那里，他们为战舰加满燃料，身为司令官的栗田健男抽空会见了手下军官。10 月 22 日 8：00，栗田舰队离开文莱，向东北方的巴拉望水道（Palawan Passage）进发。当天稍晚时，西村祥治中将的舰队也离港启程，通过巴拉巴克海峡（Balabac Strait）进入苏禄海（Sulu Sea）。

尽管栗田舰队此时还处于美军舰载机的打击范围之外，但他们没走多远就遇到了麻烦。是时，美军"鲦鱼"号（USS Dace，SS-247）和"海鲫"号（USS Darter，SS-227）潜艇正在巴拉望水道南部执勤。10月23日凌晨1：16，"鲦鱼"号的雷达捕捉到日军舰队的信号，艇长随即将情况上报，准备向日军舰队发起攻击。栗田知道这一海域有美军潜艇活动，但出于某些无法解释的原因，他的两路编队前方都没有安排反潜驱逐舰巡逻。

接下来上演了一场完美的海上伏击战。"海鲫"号先用艇艏鱼雷向栗田的旗舰"爱宕"号重型巡洋舰发起攻击，随后调转方向，又用艇艉鱼雷向"高雄"号重型巡洋舰发起攻击。与此同时，"鲦鱼"号对准重型巡洋舰"摩耶"号进行了一次鱼雷齐射。在如此近的距离上，鱼雷攻击显然是致命的。"爱宕"号和"摩耶"号相继沉没，被两枚鱼雷击中的"高雄"号不得不返回文莱。身处"爱宕"号的栗田侥幸逃生，他在海里拼命游了一阵后，被一艘驱逐舰救起，最终转移到"大和"号战列舰上。尽管这次潜艇伏击给日军造成的损失算不上惨重，但美军由此掌握了栗田舰队的具体位置。

▲ 1944 年 10 月 22 日 9：00，正驶离文莱湾的"武藏"号战列舰。停放在舰艉的爱知零式水上观测机（E13A，盟军代号 Jake）在"武藏"号遭袭沉没前便飞走了

美国海军的反应

最初，对于日军是否会孤注一掷地阻止美军登陆莱特岛，哈尔西是持怀疑态度的。但到了1944年10月23日，形势已经非常明朗，栗田舰队的行踪表明日军的确在为突袭莱特湾做准备，尽管此时美军还没有发现从日本本土启航的小泽治三郎率领的航母编队。日军舰队突然出现的情报多少有些令哈尔西猝不及防，因为他麾下战斗力最强的第38特混舰队第1大队，此时正在战区南部，准备到乌利西环礁（Ulithi）补给物资。于是，哈尔西命令第38特混舰队的其他3个大队抵近菲律宾海岸并放出搜索机，自10月24日起，开始对日军舰队发起空袭。

遭遇巴拉望水道的劫难后，栗田舰队继续向东北方航行，很快就进入民都洛海峡（Mindoro Strait）。10月24日0时过后不久，一艘美军潜艇发现了栗田舰队，但没能找到合适的攻击位置。早8：10，来自第38特混舰队第2大队的搜索机再次发现栗田舰队，他们正处于塞米拉拉岛（Semirara Island）附近，民都洛海峡以南海域。几分钟后，接敌报告送到了第38特混

▲ 在莱特湾战役中，轻型航母"卡伯特"号（USS Cabot, CVL-28）与"勇猛"号航母同属第38特混舰队第2大队。"卡伯特"号上的第29航空大队在1944年10月24日空袭"武藏"号战列舰的行动中表现得非常活跃。这幅照片展现了1944年11月25日正在机动规避日军神风特攻机的"卡伯特"号，当天"勇猛"号被两架神风特攻机击中

▼ 这幅照片由来自"勇猛"号航母的舰载机在第一波空袭开始时拍摄，展现了编队航行中的"大和"号战列舰。空袭开始后，大部分美军机组都聚焦于"武藏"号战列舰，而不是"大和"号

舰队第2大队指挥官手上，美军航母随即做好空袭准备。

10月24日，攻击日军第1游击部队的重任几乎全落到了第38特混舰队第2大队身上。当天，第38特混舰队第3大队所处位置过于靠北，而第4大队的位置过于靠南，两者都无法立即发动空袭。然而，第2大队是整个特混舰队中攻击力最弱的大队，编有舰队航母"勇猛"号、轻型航母"卡伯特"号（USS Cabot, CVL-28）和"独立"号（USS Independence, CVL-22）。其中，"独立"号上的航空大队前一天晚上刚刚出发执行任务，此时已经没有战机可用。

第38特混舰队第2大队的第一波空袭编队由45架战机组成，包括21架"地狱猫"战斗机、12架"地狱潜行者"俯冲轰炸机和12架"复仇者"鱼雷轰炸机。其中，10架"地狱猫"（隶属VF-29中队）和4架"复仇者"（隶属VT-29中队）来自"卡伯特"号，其余战机均来自"勇猛"号（分别隶属VF-18、VB-18和VT-18中队）。编队指挥是"勇猛"号的航空大队长威廉·埃利斯中校。大部分参与行动的飞行员此前从未直面过日军战舰，日军在整个战争时期规模最大的水面舰艇编队成了他们首次挑战的对手。24日9：10，空袭编队陆续起飞，径直奔向西方250mile（402km）远处的日军第1游击部队舰艇编队。

埃利斯率领机群抵达日军舰队上空后，身形巨大的"大和"号和"武藏"号战列舰自然而然地成了他们的首要攻击目标。面对没有战斗机掩护的日军舰队，21架美军战机奉命扫射日军战舰，掩护鱼雷轰炸机攻击。与此同时，12架携带1000lb（453.6kg）炸弹的"地狱潜行者"俯冲轰炸机奉命攻击"大和"号和"武藏"号，它们编为2队（各6架），分别发起冲击。从"勇猛"号航母起飞的8架"复仇者"鱼雷轰炸机正位于栗田舰队东侧，其中2架奉命攻击"妙高"号重型巡洋舰，6架奉命攻击"妙高"号身旁的一艘大和级战列舰。这6架"复仇者"分为3组（各2架），以经典的"铁砧"战术从两舷接近目标。此时，从"卡伯特"号航母起飞的4架"复仇者"正在攻击稍远处的一艘大和级战列舰。

10：00左右，"武藏"号的雷达捕捉到接近中的美军舰载机信号。当天天气晴好，在植被繁茂的民都洛岛与塔布拉斯岛（Tablas Island）之间海域，美军舰载机群即将向世界上"最强大"的战列舰发起挑战。据埃利斯回忆，开始交锋后的情形如下：

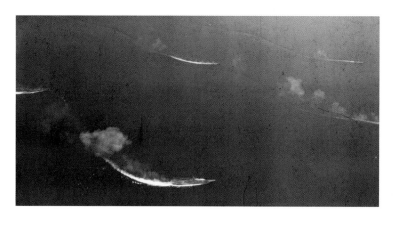

　　"日军离得很远就向我们开火，他们用尽了手头的武器，甚至包括战列舰的主炮。这些炮火叠加在一起的效果令人不寒而栗。我们的飞行员事后描述，有些日军炮弹爆炸时会产生粉色或紫色的流光，还带着白色尾迹和大量白磷，其中一枚炮弹爆炸后溅射出许多银色颗粒。"

　　随着空袭强度的增加，"武藏"号的防空炮打出了一道看似不可逾越的弹幕。美军飞行员们勇敢地驾机穿过由 127mm 口径高炮制造的五颜六色的弹幕，再接近一些的话，他们的"地狱潜行者"和"复仇者"就将进入 25mm 口径机关炮的射程。那些间续射出的 25mm 口径曳光弹，形成了一道道划破天空的光束。

　　"地狱潜行者"机群率先向日舰发难，2 枚近失弹在"武藏"号前方入水爆炸，没能对它造成什么伤害。紧接着，又有 2 枚近失弹在"武藏"号舰舯附近入水爆炸。随后赶来的"地狱猫"机群自艏至艉对"武藏"号进行了猛烈扫射。此后，6 架"复仇者"对"武藏"号发起了致命打击，一枚鱼雷从右舷方向命中舰舯，炸点在舰桥稍靠后的位置。"武藏"号的防鱼雷鼓包没能充分吸收爆炸产生的冲击力，导致主装甲带与防鱼雷鼓包的接合处撕裂，进而使装甲带向舰体内侧弯曲变形。邻近的锅炉舱开始缓慢进水，造成舰体右倾 5.5°。通过及时抽水和向左舷舱室注水，倾斜角最终被纠正为 1°。

　　相关战斗报告表明，这轮空袭中，"武藏"号发射了 48 枚 155mm 口径炮弹和 60 枚 127mm 口径炮弹。面对美军主力机群，日军发射的炮弹却如此之少，这着实令人匪夷所思。一架"复仇者"在投放鱼雷前被击落，另一架"复仇者"则在投放鱼雷后被击落。攻击"妙高"号的 2 架"复仇者"取得了傲人战果，身中 1 枚鱼雷的"妙高"号不得不退出战斗（直到战争结束都没能修复）。不过，对"武藏"号的蹂躏才刚刚开始。

　　第二波空袭编队（同样来自第 38 特混舰队第 2 大队）于 10：45 陆续起飞，12：00 左右抵达日军舰队上空。这波机群由 42 架战机组成，包括 19 架"地狱猫"、12 架"地狱潜行者"和 11 架"复仇者"。这是一次异常成功的协同攻击，整个攻击过程只持续了几分钟。根据埃利斯的建议，空袭编队指挥官引导编队聚焦于"武藏"号。日军雷达在美军机群距舰队 50km 时捕获到信号，做好了迎击准备。

　　按惯例，"地狱潜行者"率先对"武藏"号发起攻击，除 5 枚近失弹外，至少 2 枚炸弹命中目标。其中，1 枚炸弹穿过"武藏"号舰艏落入海中，没有爆炸。而另 1 枚炸弹（1000lb，453.6kg）击中了烟囱左侧舰体，很可能穿透了两层甲板，在主装甲带附近爆炸。这次爆炸破坏了蒸汽管路，使高温蒸汽窜入左舷内侧的轮机舱，导致相应推进轴无法运转（只剩 3 根推进轴可运转）。此外，爆炸还在附近的锅炉舱引发了火灾，好在火势很快得到了控制。火上浇油的是，舰上的蒸汽报警器

▼ 在"武藏"号战列舰受到美军空袭机群的集中关照时，"大和"号战列舰也遭到了攻击，但只是轻微受损。这幅照片展现了一枚 1000lb（453.6kg）炸弹在"大和"号的 1 号炮塔前爆炸的情景。照片中还可见 25mm 口径机关炮射击时产生的烟雾。注意，为应对在突破圣贝纳迪诺海峡时可能发生的夜战，"大和"号的甲板被涂成了黑色

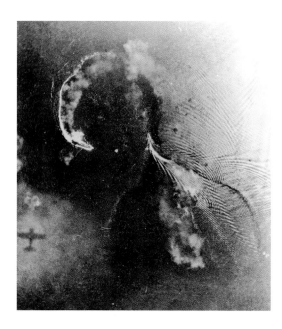

▲ 在美军第 38 特混舰队第 2 大队空袭日军第 1 游击部队的早期阶段，"武藏"号战列舰与一艘护航驱逐舰正在机动规避美军战机投下的炸弹。注意，照片左下部的云层中，隐约可见"复仇者"鱼雷轰炸机的独特身形

因此受损，此后总是间续鸣响。

从"勇猛"号上起飞的 9 架"复仇者"又一次对"武藏"号发起了"铁砧"攻击，其中 8 架顺利投放了鱼雷。尽管具体击中位置存在争议，但可以肯定的是，有 3 枚鱼雷击中了"武藏"号的左舷。其中 1 枚的入射点位于烟囱下部，那里是左舷外侧轮机舱和液压机械室的连接处。这枚鱼雷导致若干舱室缓慢进水，但尚处于可控状态。另 1 枚鱼雷击中了左舷前部的主防御结构。由于结构设计问题，1 枚击中大和级非装甲防护区的鱼雷会导致其多个大型水密隔舱进水。第 3 枚鱼雷击中了左舷，入射点位于 2 号炮塔稍靠后的位置。此时的"武藏"号仍能保持舰体平稳，但前部舱室进水使舰艏下沉了 6.5ft（2m）。

相关战斗报告表明，这轮空袭中，"武藏"号发射了 54 枚 460mm 口径炮弹（三式烧霰弹）、17 枚 155mm 口径炮弹和 200 枚 127mm 口径炮弹。这艘战列舰排山倒海式的防空火力，使 2 架"地狱潜行者"殒命，甚至使 1 架距其 15mile（24km）之遥的"复仇者"迫降在海上。令美军飞行员们心有余悸的是，他们在距"武藏"号 25000~30000yd（23~27km）时，就会与 460mm 口径炮弹"不期而遇"，好在他们的战机并没有因此受损。

两波空袭过后，"武藏"号仍毫无颓势，且保持了可观的战斗力。尽管注水纠偏的损管措施降低了储备浮力，但它庞大的舰体只是稍微向左倾斜了一些。对"武藏"号而言，最大的问题是只有 3 根推进轴能正常运转，这导致其最大航速降低到 22kn（41km/h）。为防止"武藏"号掉队，栗田命令舰队以 20kn（37km/h）航速前进，同时让"武藏"号保持编队位置。

第三波空袭由第 38 特混舰队第 3 大队发起，空袭机群于 12：50 陆续起飞。编队包括来自"埃塞克斯"号航母（USS Essex，CV-9）VF-15 中队和"列克星敦"号航母（USS Lexington，CV-16）VF-19 中队的 16 架"地狱猫"，来自"埃塞克斯"号 VB-15 中队和"列克星敦"号 VB-19 中队的 20 架"地狱潜行者"，以及来自"埃塞克斯"号 VT-15 中队和"列克星敦"号 VT-19 中队的 32 架"复仇者"。空袭机群于 13：30 发起进攻，他们的主要目标仍然是"大和"号和"武藏"号。这波空袭中，至少 4 枚炸弹击中了"武藏"号。其中 3 枚落在前部 460mm 口径主炮炮塔附近，穿透上甲板后在舰员宿舍爆炸，所幸宿舍当时空无一人。这 3 枚炸弹没能给"武藏"号造成严重损伤，也没有引发火灾。另 1 枚炸弹在击中烟囱右侧的一刹那引爆，炸毁了附近的 25mm 口径机关炮位，造成重大人员伤亡，但没有危及舰体。

比这 4 枚炸弹更具威胁的是同时袭来的 3 枚鱼雷，其中 2 枚分别击中"武藏"号舰艏两舷的主防御结构，导致进水区域由中央甲板迅速向全舰扩大。鱼雷爆炸产生的冲击波导致舰体外壳外翻，使"武藏"号的舰体截面变得像一个巨犁，在航行中卷起阵阵浪花。另 1 枚鱼雷的入射点与此前击中右舷的鱼雷接近，加剧了舰体进水情况，同时导致右舷液压机械室无法使用（这枚鱼雷的入射点也可能位于右舷前部三联装155mm口径副炮炮塔位置，但无法确认）。

尽管遭到如此猛烈的空袭，"武藏"号也仅仅向右舷方向倾斜了2°。当然，这是靠向左舷舱室注水实现的。最令栗田担忧的是，这艘战列舰的航速已经下降到16kn（30km/h），这意味着它用不了多久就会掉队。猪口敏平舰长下令将"武藏"号的航速进一步降低到12kn（22km/h），以防止舰舰被海水淹没。此时，"武藏"号舰舰的干舷高度已经降到19.6ft（6m，正常值为32.8ft/10m），舰体吃水深度达到了50ft（15m）。

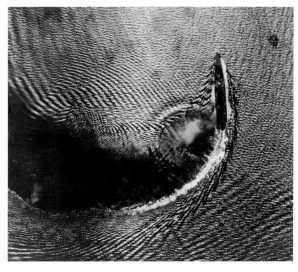

换作其他战列舰，连遭7枚鱼雷和6枚重型炸弹蹂躏后恐怕早已葬身鱼腹。而"武藏"号至少还能自主航行，只是丧失了作战能力。栗田命令两艘驱逐舰伴随"武藏"号继续向西航行。由于涌入舱室的海水并没有蔓延开来，"武藏"号暂时没有沉没的危险。

第四波空袭是当天规模最大的一波。13：15，第38特混舰队第4大队所属的65架战机分别从"企业"号航母（USS Enterprise, CV-6）和"富兰克林"号航母（USS Franklin, CV-13）上起飞。空袭机群包括26架"地狱猫"（14架来自"富兰克林"号VF-13中队，12架来自"企业"号VF-20中队）、21架"地狱潜行者"（12架来自"富兰克林"号VB-13中队，9架来自"企业"号VB-20中队），以及18架"复仇者"（10架来自"富兰克林"号VT-13中队，8架来自"企业"号VT-20中队）。

当美军机群发起第四波空袭时，栗田已经率舰队大部暂时向西退避，而"武藏"号则处于落单状态。空袭开始后，超过半数的美军战机集中围攻了遍体鳞伤的"武藏"号。这艘战列舰的航速已经下降到12kn（22km/h），且只有1/4的高炮能正常射击，几乎丧失了自卫能力。更要命的是，机动能力的大幅衰减使它成了美军战机唾手可得的"活靶子"。

来自"企业"号的第20航空大队是围攻"武藏"号的主力。机群中的战斗机负责压制护航驱逐舰的防空火力，"地狱潜行者"和"复仇者"则尽可能靠近目标发动攻击，以确保命中。对已经毫无招架之力的"武藏"号而言，这样的攻势无疑是毁灭性的。美军飞行员报告称，18架"地狱潜行者"中有11架对目标完成了精准轰炸。事实表明这并非虚报，"武藏"号在几分钟内连遭10枚1000lb炸弹重击。"地狱潜行者"编队自"武藏"号舰舰方向开始俯冲，似乎是瞄准了前部上层建筑投弹。必须指出的是，这些炸弹并没有击穿"武藏"号的要害部位，其推进系统依然能工作，储备浮力也在正常范围内。

这次贯通舰舰的地毯式轰炸留下了充足的证据：1枚炸弹击中舰舰主炮炮塔前部，加剧了主炮伤势；1枚炸弹击中舰舰主炮炮塔顶部，但只在10.6in（269mm）厚的装甲上留下了浅浅的凹痕；1枚炸弹击中舰舰主炮炮塔与右舷之间的部位，穿透两层甲板后在9in（229mm）装甲甲板层爆炸；2枚炸弹同

▲ 第二波空袭中，"武藏"号战列舰正在机动规避来自"勇猛"号航母的空袭机群。可见"武藏"号身旁没有护航舰，这反映了日军舰队各自为政、机动规避的防空战术。值得注意的是，此时空中几乎看不到有127mm口径高炮炮弹爆炸的痕迹

▼ 下页图：1944年10月24日，"武藏"号战列舰遭到VB-18中队"地狱潜行者"俯冲轰炸机群的空袭。为确保轰炸精度，飞行员们要驾机俯冲到目标上空1500~2000ft（457~610m）高度再投弹。1000lb炸弹很难对重装甲目标造成致命伤害，更何况是"武藏"号这样的超级战列舰。但这类炸弹能有效毁伤防空炮和暴露在外的炮组成员，为"复仇者"鱼雷轰炸机开展鱼雷攻击创造时机。"武藏"号就不幸遭遇了"地狱潜行者"与"复仇者"发起的协同攻势："地狱潜行者"投下的16枚重型炸弹极大削弱了它的防空体系，使"复仇者"在几乎未遭任何抵抗的情况下顺利开展了鱼雷攻击

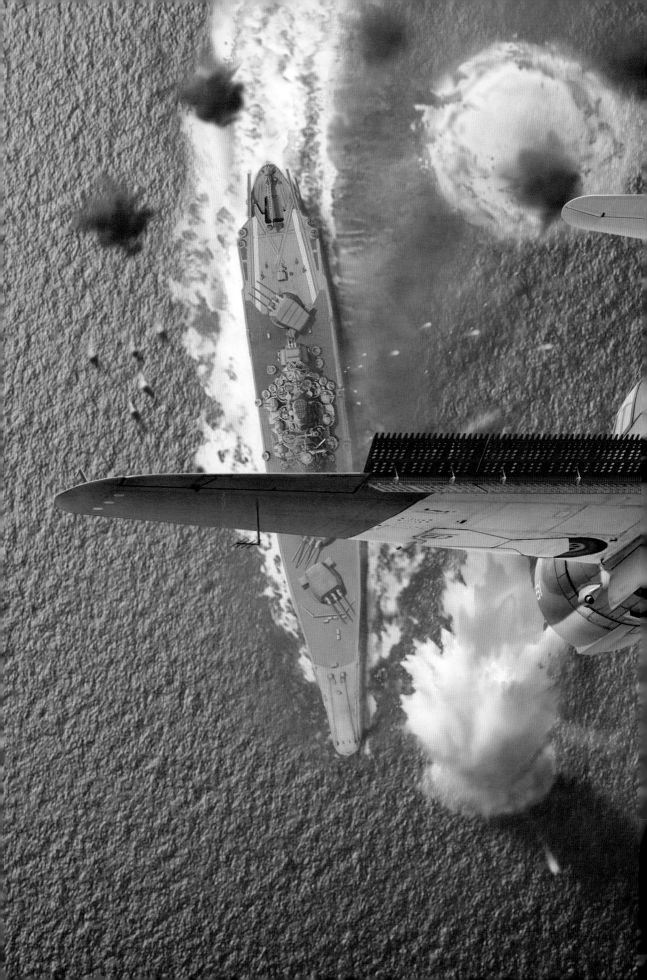

▲ "武藏"号战列舰正经历第三波空袭，来自第38特混舰队第3大队的"地狱潜行者"俯冲轰炸机群正轮番发起攻击。可见此前的空袭导致"武藏"号舰艉起火，腾起滚滚浓烟

▼ 1944年11月24日，一架刚完成空袭雅浦岛任务的SB2C-3"地狱潜行者"俯冲轰炸机。这架久经战阵的轰炸机隶属VB-20中队，参加了当年10月对"武藏"号战列舰的空袭行动。来自"企业"号航母的第20航空大队是空袭"武藏"号行动的主力

时击中右舷副炮炮塔与上层建筑之间的部位，且瞬间引爆；2枚炸弹击中左舷副炮炮塔与上层建筑之间的部位，穿透两层甲板后在7.9in（201mm）装甲甲板层爆炸；1枚炸弹击中左舷上层建筑且瞬间引爆，炸毁了附近的25mm口径机关炮位，导致炮组伤亡惨重；1枚炸弹击中舰桥顶部，爆炸导致主炮火控仪和测距仪受损，同时造成舰桥和作战室内的人员大量伤亡，有78名舰员非死即伤。舰长猪口敏平的肩膀遭弹片击伤，随后被手下送回舱室，指挥权暂时移交给副舰长加藤宪吉大佐；1枚炸弹落在上层建筑中线稍靠后的部位，造成的损失不大。除上述直接击中的炸弹外，还有6枚近失弹相继爆炸，进一步破坏了"武藏"号的水下防御结构。

比1000lb炸弹更致命的是鱼雷。美军声称有8架来自"企业"号的"复仇者"以经典的"铁砧"战术（两舷各4架）向"武藏"号投放了鱼雷，且8枚鱼雷全部中的。不过，能确认命中的只有4枚，但也有日文资料宣称有10枚命中。即使是来自"武藏"号幸存舰员的证词也是不太可靠的，因为有些鱼雷实际上可能来自"勇猛"号航母机群发动的最后一波空袭。

按由艏至艉的顺序：1枚鱼雷从左舷击中1号主炮炮塔的弹药库，导致弹药库最下两层很快注满海水；1枚鱼雷从左舷击中上层建筑底部，造成一个锅炉舱进水；1枚鱼雷从左舷击中烟囱后部，这里在上一波空袭中也曾被击中，"梅开二度"导致海水迅速涌入左舷外侧轮机舱；1枚鱼雷从右舷击中2号主炮炮塔附近部位，尽管破坏力同样不小，但刚好缓解了左舷3次重击造成的舰体倾斜。

针对这次鱼雷攻击，幸存到战后的副舰长加藤宪吉和轮机长中村泉三机关大佐提供了漏洞百出且自相矛盾的证词，他们提到的遭袭时间也与美军记录不符。除4枚命中证据确凿的鱼雷外，另有6枚鱼雷的命中情况存疑。加藤声称，至少有3枚鱼雷击中了"武藏"号的舰体前部，其中2枚击中左舷、1枚击中右舷，此外，3号主炮炮塔前部很可能也中了1枚鱼雷。据说还有至少2枚鱼雷从左舷击中舰舯，但没有爆炸。无论如何，可以确信的是，"武藏"号此时的防空体系已经彻底崩溃，来自"企业"号的机群都得以安全返航。

当天的最后一波空袭由来自"勇猛"号航母和"卡伯特"号航母的机群发起，那是他们第三次出击。空袭机群包括16架"地狱猫"、12架"地狱潜行者"和3架"复仇者"。当时，VT-18中队只剩4架"复仇者"可用，其中1架起飞后不久便被迫返航。这也从侧面反映了当天日军舰队的防空火力有多么恐怖。空袭机群于13：50陆续起飞。15：50，当第38特混舰队第4大队发起空袭时，他们又马不停蹄地加入进来。埃利斯中校再次担当行动指挥。这次空袭对"武藏"号并没有造成多少附加伤害。

在来自"企业"号的最后一批空袭机群离去后，"武藏"号终于独木难支了。它已经身中16枚炸弹和15枚鱼雷，舰体左倾角度在

▶ 这幅清晰度不佳的照片戏剧性地记录了"武藏"号战列舰的最后时刻。可见"武藏"号在舰艏明显下沉的情况下，舰体依然能保持平稳。但不断涌入舱室的海水最终还是使它葬身海底

10°~12°间徘徊，舰艇又下沉了 6.5ft（2m）。唯一能正常运转的右舷推进装置让它勉强保持着 6kn（11km/h）航速。中村下令向右舷外侧的 3 个锅炉舱注水，这项大胆的损管措施使舰体左倾角度稳定在 12°。17：15，栗田命令"武藏"号赶往锡布延海附近的岛屿搁浅，但这已经于事无补，因为"武藏"号只剩下一根推进轴尚能运转，几乎丧失了自航能力，且海水仍在持续涌入舱室。在舰艇不断下沉的情况下，"武藏"号庞大的舰体已经对舵机动作毫无反应，只能在原地打转。18：00，最后一个完好的锅炉舱也被海水淹没，"武藏"号至此彻底沦为"海上浮箱"。

19：00，生命的终曲已经为"武藏"号奏响。它的舰体左倾角度增大到 15°，且舰艇完全没入水中，海水浸没了 1 号主炮炮塔靠近左舷的部位。19：20，舰体左倾角度进一步增大到 30°，加藤宪吉不得不下达了弃舰令。随着舰艇的下沉，"武藏"号的舰艉向左微倾着缓缓浮出水面。它先是翻了个底朝天，随后又从舰艏开始逐渐沉入水下。19：36，"武藏"号的身影彻底从海面上消失。3 艘驱逐舰赶来救起了 1376 名舰员，另有 1023 名舰员阵亡，其中包括选择与舰共沉的猪口敏平舰长。

"大和"号战列舰的最后一搏

1944 年 10 月 24 日，莱特湾战役期间，来自"埃塞克斯"号航母 VB-15 中队的 SB2C-3"地狱潜行者"投下的 2 枚炸弹击中了"大和"号战列舰的舰艏。两天后，来自"大黄蜂"号航母（USS Hornet，CV-12，为纪念 1942 年 10 月沉没的 CV-8"大黄蜂"号航母而命名，译者注）VB-11 中队的"地狱潜行者"投下的炸弹又击中了"大和"号的 1 号主炮炮塔前部。第一次中弹导致"大和"号舰体进水 3000t，第二次中弹则导致其舰体前部装甲结构严重受损。战役结束后，"大和"号于当年 12 月的第一周返回日本。

1945 年 3 月 19 日，修复后的"大和"号在濑户内海遭到美军舰载机的空袭。尽管侥幸毫发未损，但这次"家门口"的劫难足以表明"大和"号已经到了无处可藏的境地。

1945 年 4 月 1 日，美军成功在冲绳登陆，日本人已经别无选择，他们必须发起强力反击，否则就将万劫不复。日军计划对美军开展大规模空袭，行动日期定在 4 月 6 日。起初，这项名为"天一号"的作战计划并没有将水

▼ 1944 年 10 月 26 日，"大和"号战列舰与第 1 游击部队的残部经锡布延海撤退时遭美军空袭。这幅质量很高的俯视图摄于当天上午 11：15，由一架隶属第 424 轰炸机大队第 307 中队的 B-24"解放者"轰炸机拍摄

▶ "天一号"作战行动是一次成功希望渺茫且毫无意义的冒险。"大和"号战列舰奉命离开濑户内海，前往500n mile（926km）外的冲绳攻击美军舰队，而为它护航的只有1艘轻型巡洋舰和8艘驱逐舰。在没有空中掩护的情况下，"大和"号达成目标的唯一希望是发动奇袭，但面对美军机群编织的"恢恢天网"，奇袭又是绝无可能实现的。"大和"号舰队甫一出港就被美军战机发现。1945年4月7日晨，"大和"号舰队遭到美军"卡特琳娜"水上飞机和"地狱猫"战斗机的持续监视，它们为从冲绳以东海域航母上起飞的三个波次的空袭机群提供了指引。空袭开始后不到2小时，"大和"号在距行动目的地200mile（322km）处爆炸沉没

面舰艇考虑在内。到了4月4日，联合舰队的指挥官们一致认为，"大和"号应该参加"天一号"行动。想理解这项荒唐透顶的计划为何能成为"理性"的选择，就要探究日本人，特别是联合舰队指挥层当时的心态。尽管极度虚弱的"大和"号显然无力招架美军的空袭，但眼下的形势是，美国人已经打到了"家门口"，在国家生死存亡之际，作为帝国海军象征的"大和"号，倘若不主动出击寻歼敌人，则必将使帝国海军陷入百口莫辩的被动境地，无以复加的耻辱感将摧毁他们最后的斗志。

　　将"大和"号"塞"进海上特攻队里，就等于保住了帝国海军虚无的荣誉，让他们不至于像陆军那样被扣上"懦夫"的帽子。当然，这样做也等于回答了天皇在3月29日发出的质询：难道海军没有战舰了吗？于是，联合舰队高层很快就制订出将"大和"号派往冲绳的作战计划，并在4月5日下达了出击命令。由于燃料紧缺，帝国海军此时能派出的战舰已经屈指可数。最终，第2舰队出动了10艘战舰参加"天一号"作战行动。舰队核心无疑是"大和"号，为它护航的是轻型巡洋舰"矢矧"号，以及驱逐舰"朝霜"号、"冬月"号、"滨风"号、"初霜"号、"矶风"号、"霞"号、"凉月"号和"雪风"号。舰队司令官是海军中将伊藤整一，而"大和"号时任舰长是有贺幸作大佐。

"天一号"作战行动完全建立在不切实际的幻想中。按计划，"大和"号要突击到冲绳外海，歼灭集结在那里的美军舰队。如有必要，它甚至要在冲绳抢滩搁浅，用舰炮支援当地日军作战。尽管航程并不长，但整个舰队将一直处于毫无空中掩护的危险境地。考虑到美军战机的压倒性规模优势，除非奇迹发生，否则"大和"号几乎不可能按计划抵达冲绳海域。正式的出击命令中没有对"大和"号做出"决死"要求，但形势已经一目了然，它此去必将战死沙场。总之，"天一号"作战行动根本不是一次理性的军

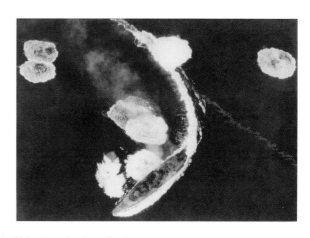

▲ 1945年3月19日，濑户内海，遭美军舰载机群猛烈攻击的"大和"号战列舰正进行机动规避。图中所示的近失弹可能对松动的装甲板造成严重破坏，进而导致舰体进水。这幅照片由一架来自"大黄蜂"号航母VB-17中队的"地狱潜行者"俯冲轰炸机拍摄

事决策，它更像是一场日本帝国海军在绝望中举行的"切腹"仪式，通过牺牲一艘象征帝国海军荣耀的战舰，来保守所谓的"武士道"精神。这只是用虚荣外衣包覆的赌徒心态罢了。

1945年4月6日，"大和"号前往德山海军油库进行燃料补给。尽管有关"大和"号及其护航舰艇仅携带了单程燃料的传言看似合乎逻辑，但德山油库的官方记录明确显示，仅"大和"号自己就携带了4000t燃料，足够往返之用。当天15：18，"大和"号离开德山湾，驶向丰后水道。为防备美军潜艇和战机的突袭，舰上有1/3的舰员处于战斗位置，其余舰员则在战斗位置周围休息。

日落前，两架美军轰炸机发现了"大和"号舰队。不过，对日军而言更棘手的还是在丰后水道游猎的美军潜艇。所幸，舰队最终安然通过了水道。深夜22：40，一艘护航驱逐舰报告称发现潜艇。那是美军的"金线鱼"号（USS Threadfin，SS-410）和"淡水鲨"号（USS Hackleback，SS-295）潜艇，日军截获了他们发出的目击报告。显然，美军此时已经对"大和"号舰队的动向了如指掌。按常理，日军应该立即取消"天一号"作战行动，避免陷入一场让敌人以逸待劳的无谓之战，但他们并没有这样做。第二天，舰队仍然按计划航行，且依旧没有空中掩护，"大和"号的悲剧性命运也就此注定。

4月7日早7：00，"大和"号上的舰员们享用了往常只有节日里才会提供的丰盛早餐，随后开始准备战斗。上午10：00，两架马丁PBM水上飞机出现在舰队上空，并开始持续监视他们的动向。很快，"地狱猫"战斗机群也加入了监视行列。这是第58特混舰队早上放出的40架战斗机中的一部分，它们每4架为一组，负责搜索325n mile（602km）范围内的目标。舰员们陆续进入战斗位置后，"大和"上的水密舱门统一关闭，通风系统也处于战备状态。随后，"大和"号用主炮向监视舰队的美军机群进行了三次齐射，企图用三式烧霰弹将它们摧毁或驱离，但并没有成功。

在确定"大和"号的具体位置前，第58特混舰队的15艘航母就已经放飞了386架战机。不过，有5艘航母上的舰载机受恶劣天气影响，要么丢失了目标方位，要么错失了攻击时机，因此真正参与攻击日军舰队的战机是227架。当天上午10：00，第58特混舰队第1大队的113架战机率先起飞，机群包括52架战斗机、21架俯冲轰炸机和40架鱼雷轰炸机。第58特混舰队第3大队的167架战机紧随其后，机群包括80架战斗机、29

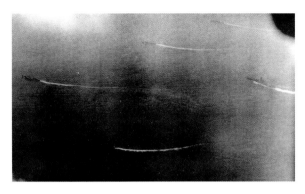

▲ "大和"号战列舰与4艘驱逐舰组成的编队，由来自"本宁顿"号航母的舰载机于12：30，即第一波空袭开始前拍摄

▼ 1945年1—6月，来自"本宁顿"号航母VB-82中队的15架SB2C-4E"地狱潜行者"俯冲轰炸机参与了诸多军事行动。1945年4月7日，该中队的4架"地狱潜行者"成为第一批向"大和"号战列舰发动空袭的战机。它们投放的2枚炸弹击中"大和"号主桅杆与右舷间的部位，炸毁了一座127mm口径高炮炮位，并在露天甲板上炸出一个大洞。与此同时，其中一架不幸被高炮击落

架俯冲轰炸机和58架鱼雷轰炸机。10：45，来自第58特混舰队第4大队的最后一波战机起飞，机群包括48架战斗机、25架俯冲轰炸机和33架鱼雷轰炸机。尽管恶劣天气给确定日军舰队方位造成了极大困难，但大部分空袭战机还是在监视机引导下成功飞抵日军舰队上空。其中，"地狱潜行者"俯冲轰炸机和"复仇者"鱼雷轰炸机靠着机载雷达导航完成了最后一段航程。

侦测到美军战机接近后，"大和"号将航速提高到24kn（44km/h）。由于当天的云底高度只有3000ft（914m），且空袭机群规模庞大，美军的协同攻击战术将面临重重挑战。不过，站在美军飞行员的角度，低垂的云层也意味着"大和"号上的高炮很难充分发挥作用。因为当他们驾机穿透云层俯冲而下时，"大和"号的火控仪根本没有足够的时间解算出高炮射击诸元。不仅如此，来自致密弹幕的威胁也将烟消云散，那些不受火控仪控制、只能各自瞄准的高炮更是可以忽略不计。

接下来近两小时发生的事，恐怕永远也不会有完全清晰的答案。日军相关战斗记录不幸遗失，而其他可靠的资料又极其有限，最有价值的无非是美国海军战后对日军幸存舰员所做的笔录。

美军空袭机群按起飞顺序梯次向"大和"号发起攻击，其中，第58特混舰队第1大队机群率先抵达目标空域。12：20，"大和"号上的雷达探测到自东南方袭来的美军机群。12分钟后，舰上观察哨目视发现了8mile（13km）外的美军机群。12：37，美军机群对"大和"号发起第一轮攻击。来自"本宁顿"号航母（USS Bennington, CV-20）VB-82中队的4架"地狱潜行者"俯冲轰炸机从舰艉方向发起俯冲攻击，那是"大和"号防空火力最薄弱的方向。它们投放的2枚炸弹击中了"大和"号主桅杆与右舷间的部位，瞬间引爆，炸毁了1座127mm口径高炮炮位，同时在露天甲板上炸出一个大洞。此外，爆炸区域内的几座25mm口径机关炮也被摧毁。1架"地狱潜行者"被击落。

来自"大黄蜂"号航母（CV-12）VB-17中队的14架"地狱潜行者"紧随其后。几分钟内，又有2枚炸弹击中"大和"号舰艉左舷155mm口径副炮炮塔前部，穿透数层甲板后在主装甲板层爆炸。由此引发的火灾很快蔓延到155mm口径副炮炮塔底部的弹药准备室，进而引爆了推进药，导致在场的炮组成员几乎全部阵亡，仅1人生还。尽管弹药准备室与弹药库间的防火门有效阻止了火势的进一步蔓延，但大火还是持续燃烧到战斗结束。负责这一区域损管作业的舰员悉数阵亡。此外，后部雷达控制室和几座25mm口径机关炮炮位也遭摧毁。

比炸弹破坏力更大的是首批命中的鱼雷。战后，来自"大黄蜂"号航母 VT-17 中队的一名"复仇者"鱼雷轰炸机飞行员描述了他的攻击过程：

▲ 第一波空袭中，来自"大黄蜂"号航母的战机正在攻击"大和"号战列舰。此时的"大和"号身旁仅有 3 艘驱逐舰护航，而 127mm 口径高炮的反击火力也十分微弱。图中可见，一枚击中"大和"号右舷的鱼雷或炸弹刚刚爆炸

"一位飞行员通过无线电报告称，在雷达显示屏上发现了位于编队右翼 50mile（80km）处的目标，于是我们开始向右偏航。不一会儿，我们看到了日军舰队。我的天啊，'大和'号战列舰太大了，就像一座平躺着破浪前行的帝国大厦。

我们没有爬升太高，我的飞行高度顶多有 12000ft（3658m）。在发起鱼雷攻击前，我们通常要爬升到 18000ft（5486m）高空，然后大角度俯冲，在接近海平面时进入小角度滑翔状态，投放鱼雷后马上就离开那个鬼地方。这时，俯冲轰炸机也该开始俯冲了，因此我们理论上会同时击中目标。

我们的编队分散开来，而我继续向着高炮炮弹爆炸形成的浓烟中冲去，这其实没什么危险。我降低飞行高度，投放鱼雷，从'大和'号舰艏掠过。它当时正回转规避，但我们的鱼雷会形成一个扇面，无论它怎么转舵都难逃厄运。"

"大黄蜂"号航母上的 8 架"复仇者"鱼雷轰炸机向"大和"号左舷接近。自从大费周章地击沉"武藏"号后，"复仇者"编队就吸取了教训，不再分别从两舷发起攻击，而是集中攻击左舷或右舷，以加快目标失衡倾覆的速度。8 架"复仇者"中，1 架在投放鱼雷前坠海，其余 7 架投放的鱼雷以扇面状向"大和"号扑去。美军战斗报告称有 4 枚鱼雷正中目标：1 枚击中舰桥后部舰体；1 枚击中主桅杆后部舰体；1 枚击中 3 号主炮炮塔后部舰体；至于第 4 枚，"大和"号上的一些幸存者声称，确实有 4 枚鱼雷击中舰体，但从实际受创情况来看，这一结论还值得商榷。中雷后，"大和"号左舷外侧的空舱室被海水淹没，使舰体左倾了 5°~6°，通过向对侧空舱室注水，倾斜角最终纠正为 1°。此时的"大和"号仍保持一定战斗力，且航速没有下降。

在"大和"号遭袭的同时，"滨风"号驱逐舰也被一枚鱼雷击中（由"本宁顿"号航母 VT-82 中队的"复仇者"投放），并于不久后沉没。来自"圣哈辛托"号轻型航母（USS San Jacinto，CVL-30）VT-45 中队的 TBM-1C/3"复仇者"机群仅耗时几分钟，便以一次协同攻击将"朝霜"号驱逐舰送入海底。轻型巡洋舰"矢矧"号被一枚鱼雷击中舰艉，丧失了作战能力，绝望地瘫痪在海面上。

12：59，来自第 58 特混舰队第 3 大队的第二波空袭机群抵达"大和"号舰队上空。它们分别由"埃塞克斯"号航母、"邦克山"号航母（USS Bunker Hill，CV-17）、"巴丹"号轻型航母（USS Bataan，CVL-29）和"卡伯特"号轻型航母上起飞。来自"汉考克"号航母（USS Hancock，CV-19）

▲ VT-82 中队的"复仇者"鱼雷轰炸机在空袭"大和"号战列舰的行动中击沉了"滨风"号驱逐舰。注意固定在"复仇者"驾驶舱前部的战果确认照相机。这幅照片摄于 1945 年 4 月 7 日行动开始后不久，由一架来自"本宁顿"号航母的巡逻机拍摄

▼ 面对美军空袭机群的围堵，"大和"号战列舰只能无助地四处躲避，可见一枚近失弹在距其左舷不远处的海面爆炸。此外，烈焰吞噬了舰艇的 155mm 口径副炮炮塔。注意三联装 25mm 口径机关炮射击时产生的烟雾

的 VB-6 中队和 VT-6 中队因起飞时间延迟且迷失方向，没能参加空袭行动。"埃塞克斯"号 VB-83 中队的"地狱潜行者"俯冲轰炸机群率先发起攻击，从 6200ft（1890m）高度向"大和"号俯冲而下。美军声称它们的炸弹击中了目标，但事实是"大和"号在这次攻击中毫发未损。随后，"复仇者"鱼雷轰炸机群跟进，向"大和"号左舷投放鱼雷。"埃塞克斯"号上的 15 架 TBM-3/3E 在这次攻击中表现活跃，其中 9 架在"大和"号缓慢转向时占据了投放鱼雷的"完美航路"，报告称 9 枚鱼雷全部中的。此外，来自"邦克山"号的 VT-84 中队声称他们投放的 13 枚鱼雷有 9 枚中的，而来自"卡伯特"号 VT-29 中队的"复仇者"飞行员声称有 4 枚鱼雷中的。美军方面的统计结果是第 58 特混舰队第 3 大队机群共有 29 枚鱼雷击中"大和"号。

遗憾的是，能确认的命中鱼雷数其实只有 3 枚：1 枚击中"大和"号左舷靠近烟囱部位；1 枚从左舷方向击中舰桥底部；1 枚可能击中了左舷靠近主桅杆部位。此外，还有 1 枚鱼雷于 13：09 从右舷方向击中舰桥底部，由一架来自"巴丹"号航母 VT-47 中队的"复仇者"投放。这轮鱼雷攻击使"大和"号在短时间内左倾了 15°~16°，所幸，在右舷所中鱼雷的"帮助"下，对侧注水措施很快将倾斜角纠正到 5°。糟糕的是，右舷的所有空舱室此时都已经注满了海水。由于进水情况无法抑制，且 1 根推进轴受损，"大和"号的航速下降到 18kn（33km/h）。至此，"大和"号尽管严重受损，但尚能坚持战斗。

"大和"号上的防空炮组艰难地向美军机群发起反击。正如前文所述，低垂的云层在使美军俯冲轰炸机难以开展理想轰炸的同时，也使"大和"号的火控仪无法为高炮及时解算射击诸元。炮手们只能各自为战，拼命朝他们看得见的目标射击。"地狱猫"的扫射和"地狱潜行者"的轰炸在"大和"号裸露的甲板上制造了一场"大屠杀"，到第二轮空袭结束时，这艘战列舰上的炮组成员仅有半数幸存。由于露天防空炮位毫无防护措施，炮组成员伤亡惨重。就在高炮与美军战机殊死角斗时，损管人员渐渐失去了对舰体的控制。

13：42，最后的攻击开始了。隶属第 58 特混舰队第 4 大队的战机，分别来自"勇猛"号航母、"约克城"号航母（USS Yorktown，CV-10）和"兰利"号轻型航母（USS Lanley，CVL-27，属独立级，为纪念大战初期被击沉的美国海军第一艘航母"兰利"号而命名，译者注）。14 架来自"勇猛"号 VB-10 中队的"地狱潜行者"率先发动攻击，大概有 3 枚炸弹击

中"大和"号舰舯左舷部位，但它们都在击中瞬间爆炸，没能对舰体造成严重损伤。

接踵而至的鱼雷攻击显然更致命。有2枚鱼雷击中"大和"号左舷，其中一枚击中烟囱附近舰体，另一枚击中主桅杆附近舰体，来自"约克城"号航母，由赫伯特·胡克少校（Herbert Houck）指挥的VT-9中队声称这是他们的战果。这两次打击导致"大和"号左舷内侧轮机舱和锅炉舱进水，左舷内侧推进轴随即停止运转。一位目击者称，有一枚鱼雷击中了"大和"号3号主炮炮塔前部靠近左舷的舰体，但难以确认虚实。另有一枚可确认的鱼雷击中了"大和"号主桅杆靠近右舷的舰体。此时，损管人员已经不可能靠对侧注水来纠偏了，因为所有空舱室都注满了海水。舰员们只能茫然无措地看着自己的战舰慢慢向左倾斜，直到倾斜角达到16°~18°。损管人员选择放手一搏，开始向右舷外侧的锅炉舱和液压机械室注水，暂时阻止了舰体的进一步左倾。

然而，持续涌入的海水已经超出了损管人员的控制能力。此前命中的鱼雷导致右舷外侧轮机舱进水，不久便陷于瘫痪。此时，左舷内侧轮机舱也处于大水漫灌的状态，舰体左倾角度已经达到22°~23°。由于仅剩1根推进轴可用，"大和"号的航速下降到8kn（15km/h），而且几乎只能原地打转。

14∶00刚过，在完全丧失动力后，"大和"号大限将至。此时，它只能无助地漂浮在海面上，放任海浪肆意地冲刷着左舷甲板。望着持续向左倾斜的舰体，有贺幸作舰长下达了弃舰令，但为时已晚。不久后，"大和"号开始翻转倾覆。14∶20，它的右舷完全暴露在海面上。当舰体翻转120°时，"大和"号后部的弹药库发生爆炸，将部分舰体撕成了碎片。14∶23，这艘闻名世界的超级战列舰，永远地淹没在波涛之下。最终，只有267名舰员被救起，共3055名舰员与舰同沉。一次猛烈的爆炸在"大和"号的"海上坟墓"中制造了一朵高达20000ft（6096m）的蘑菇云，在120mile（193km）外的日本本土都隐约可见。

这次爆炸的原因目前尚不清楚。幸存的副舰长野村次郎中佐认为，在"大和"号翻转时，460mm口径炮弹的引信触碰到甲板引发了这次爆炸。然而，战后研究表明，这恐怕不是根本原因，而更可能的"元凶"是一直没有被扑灭的舰艉大火。在舰体翻转时，四处滚动的460mm口径炮弹顶开了炮塔后部的弹药升降机舱门，火焰由此进入后部弹药库，引发了这次爆炸。1985年及此后对"大和"号残骸的短暂调查表明，前部155mm口径副炮炮塔之前的舰体是完整的，而舰艉部分也是完整的，只有舰舯被炸成了碎片。

"大和"号在中国东海海底的"陪葬品"包括轻型巡洋舰"矢矧"号，以及4艘护航驱逐舰。"矢矧"号的人员伤亡情况尤其惨重，因为它被炸成了两截。这些送"大和"号走完最后一程的护航舰艇上共有1187人阵亡。

▼ 1945年4月7日14∶23，在遭到美军空袭机群的持续攻击后，"大和"号战列舰发生了大爆炸，瞬间腾起的巨大蘑菇云宣告了大炮巨舰时代的落幕，也象征着日本帝国海军的末日

重要战役统计与分析

1942 年 11 月 14 日，击沉"比叡"号战列舰的战斗使美国海军认识到，用战机击沉一艘重装甲战列舰会面临重重困难。更何况，"比叡"号的设计工作完成于第一次世界大战前，其排水量不到"大和"号或"武藏"号战列舰的一半。然而，在日后的美军航母舰载机与日军超级战列舰的两次巅峰对决中，胜利的天平却明显倾向美国人。

在击沉"大和"号和"武藏"号的战斗中，美国海军利用多个航空大队发动了猛烈空袭。这两艘战列舰的沉没都归因于鱼雷攻击，而炸弹攻击并没能发挥致命性作用。但必须认识到的是，炸弹攻击大幅削弱了两艘战列舰的防空火力，为后续的鱼雷攻击创造了有利条件。

1944 年 10 月，美国海军对日本帝国海军第 1 游击部队发起的空袭，堪称当时规模最大的海空联合作战行动。日军栗田健男舰队的 29 艘战舰遭到美军 259 架舰载机的空袭。美军以 18 架战机损毁的代价击沉了"武藏"号，同时用鱼雷重创了"妙高"号重型巡洋舰，使后者不得不返回基地。此外，还有 3 艘战列舰遭炸弹攻击后轻微受损。显然，这场胜利属于美国人，但胜利背后还有些问题值得深思。

一个最直观的结论是，"武藏"号的抗沉性超过了设计要求，甚至在遭到第三波空袭后，它仍然能自主向港口航行。在毫无掩护且难以进行机动规避的情况下，第四波空袭为"武藏"号敲响了丧钟：接连被 11~15 枚鱼雷和 16 枚炸弹直接命中，还有众多破坏力可观的近失弹的蹂躏。在此之前，没有任何一艘战舰曾遭受过如此沉重的打击，即使有，至少也没能像"武藏"号一样顽强地漂浮在海面上。

此外，日军的防空炮几乎没能发挥任何作用。这一天的空袭中，美军舰载机穿梭于战争期间日军所制造的最密集的高炮弹幕间，但只付出了 6.9% 的损伤率。由于三式烧霰弹徒有虚名，而八九式 127mm 口径高炮受战术规范所限也难有作为，日军舰队的防空重担就全落在了威力一般且精度不高的25mm口径机关炮身上。

实际上，美军第38特混舰队用超过250架战机对日军第1游击部队发起的空袭成效并不大。从这个意义上说，"武藏"号算是为"捷一号"作战行动做出了贡献，因为在10月24日的空袭中，大多数美军战机都瞄准了"武藏"号这一个目标。这在很大程度上要归因于美军各航空大队各自为战，缺乏统一的空中协调指挥。各空袭

分队自然会寻找最显眼的目标发起攻击，而"武藏"号刚好是两个最显眼的目标之一。当这艘战列舰遭重创，舰艇开始下沉，航速降低，与舰队大部渐行渐远时，"击沉这个大家伙"的诱惑对任何一名美军飞行员而言都是无法抗拒的。

结果显然是"武藏"号以一己之身，承受了当天第38特混舰队主力空袭部队的大部分火力。当"武藏"号在一波接一波的打击中渐渐力不能支时，第1游击部队的其他战列舰所受的损伤却几乎可以忽略不计。"大和"号和"长门"号战列舰均被2枚炸弹击中，而"榛名"号战列舰轻松扛过了5枚近失弹的冲击，它们都能紧随编队机动。

值得玩味的是，美军飞行员提交的战斗报告与实际情况大相径庭。他们称2艘大和级战列舰均已瘫痪，其中一艘或许已经沉没，而"长门"号则遭重创，另有1艘金刚级战列舰也瘫痪在海面上。此外，飞行员们还报告称有4艘重型巡洋舰、2艘轻型巡洋舰和6艘驱逐舰被击沉或击伤。当最后一架空袭战机脱离战场时，日军舰队已经乱作一团，准备退却。如果真如美军报告所说，那么栗田舰队当时应该完全丧失了战斗力。可事实显然并非如此，美军飞行员对战果的误判导致了莱特湾海战中最富戏剧性的一幕。翌日，哈尔西转而率部追逐日军航母编队，放过了栗田舰队，"帮助"后者有惊无险地通过圣贝纳迪诺海峡，直冲莱特湾。若不是"武藏"号拥有出人意料的抗沉性，且美军飞行员不约而同地将击沉它视为"唯一战斗目标"的话，这一切都不会发生。

在面对最后一次出击的"大和"号时，美军无疑吸取了教训。每个参与空袭任务的航空大队都配有1名空中协调员，解决了在单一目标上浪费兵力的问题。更重要的是，"复仇者"鱼雷轰炸机中队改变了战术，不再从目标两舷分别发起攻击，而是集中攻击左舷或右舷。即便如此，他们还是耗费了9~12枚鱼雷和7枚炸弹才将"大和"号送入海底。相比之下，美军自己的损失微乎其微，只有10架战机（3架"地狱猫"战斗机、4架"地狱潜行者"俯冲轰炸机和3架"复仇者"鱼雷轰炸机）损毁，12名机组人

▲ 1944年，"黄蜂"号航母（USS Wasp, CV-18，为纪念1942年9月被击沉的CV-7"黄蜂"号航母而命名，译者注）的飞行甲板上，VB-14中队的军械员们正准备将1000lb的AN-Mk 33穿甲炸弹装到"地狱潜行者"俯冲轰炸机的弹舱里。AN-Mk 33采用锥形弹头，专用于对付重装甲战列舰。此外，美国海军还装备有500lb和1000lb半穿甲炸弹和各种高爆弹。这些炸弹的弹壳更轻，能装填更多炸药。高爆弹的重量级包括100lb、250lb、500lb、1000lb和2000lb，"地狱潜行者"俯冲轰炸机和"复仇者"鱼雷轰炸机均可携载

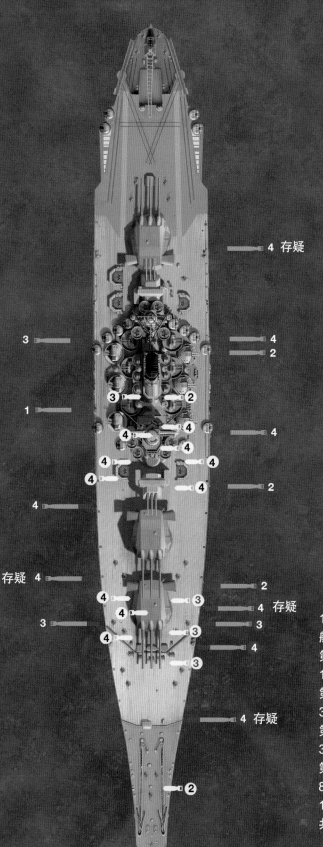

1944 年 10 月 24 日，"武藏"号战列舰遭到美国海军舰载机群的空袭，持续时间超过 5 小时。这期间击中"武藏"号的鱼雷和炸弹的准确数量已经很难统计，这幅图中标示的数据综合参考了美国海军的战斗报告和日军幸存者的证词。"武藏"号沉没前身中 11~15 枚鱼雷。由于排水量巨大、装甲厚重，且损管人员行动高效，"武藏"号在左舷遭重创后得以将左倾角度长时间稳定在可接受的范围内。此外，美军鱼雷轰炸机所采用的分别攻击两舷的战术也对"武藏"号保持稳定有一定"贡献"。尽管炸弹攻击没能破坏"武藏"号的水密结构，但有效削弱了它的防空能力，为鱼雷轰炸机创造了有利的攻击条件。

1944 年 10 月 24 日，"武藏"号战列舰受损情况
第一波空袭
1 枚鱼雷命中
第二波空袭
3 枚鱼雷命中，2 枚炸弹命中
第三波空袭
3 枚鱼雷命中，4 枚炸弹命中
第四波空袭
8 枚鱼雷命中（4 枚确认，4 枚存疑），10 枚炸弹命中
共命中 11~15 枚鱼雷和 16 枚炸弹

与空袭"武藏"号战列舰相比，美国海军舰载机群在1945年4月空袭"大和"号战列舰时显然更高效。图中可见，美军的三波空袭聚焦于"大和"号左舷，导致其舰体迅速左倾，最终倾覆。鱼雷集中命中"大和"号主防御结构的一个区域，摧毁了它的防鱼雷系统。对"大和"号而言，第二波空袭尤为致命，3枚确认命中的鱼雷和1枚疑似命中的鱼雷都集中在左舷区域。与"武藏"号的情形一样，有关"大和"号的准确命中数据也很难统计。由于当天天气条件较差，影响了俯冲轰炸精度，命中"大和"号的炸弹仅有7枚。

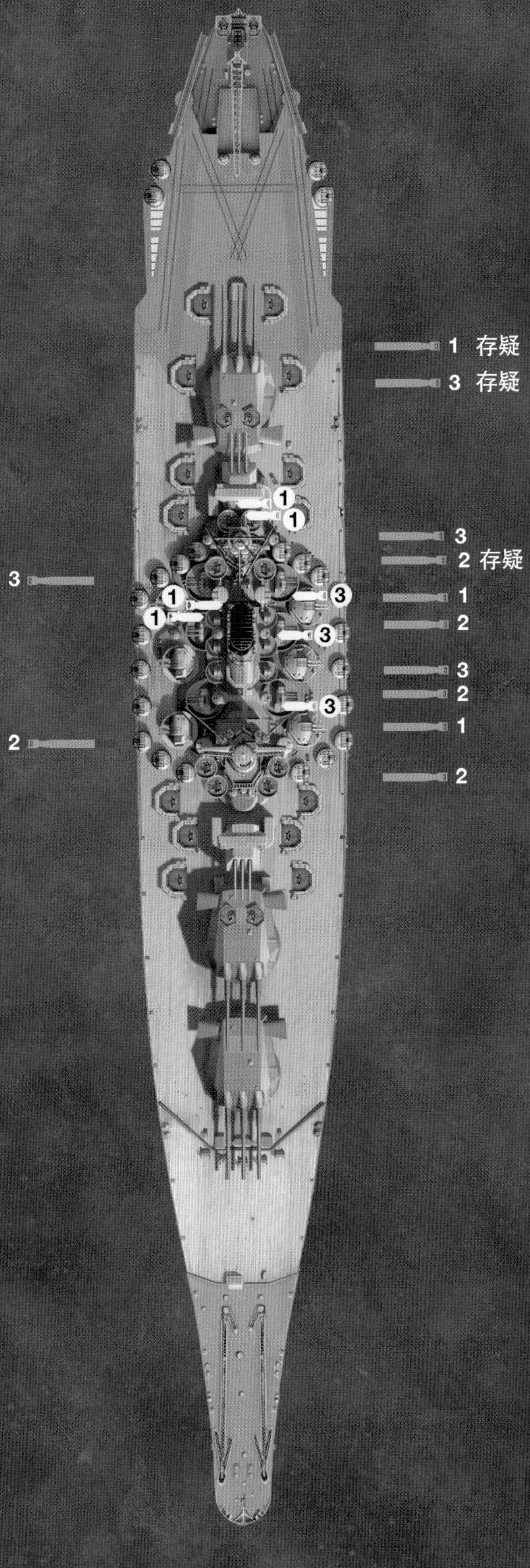

1 存疑
3 存疑

3
1
3

3 存疑
2 存疑
1
2

3
2
1

2

1945年4月7日，"大和"号战列舰受损情况
第一波空袭
4枚炸弹命中，3枚鱼雷命中（2枚确认，1枚存疑）
第二波空袭
5枚鱼雷命中（4枚确认，1枚存疑）
第三波空袭
3枚炸弹命中，4枚鱼雷命中（3枚确认，1枚存疑）
共命中7枚炸弹和9~12枚鱼雷

员（4 名飞行员和 8 名机组成员）阵亡。

无论从战略还是战术角度审视，"大和"号的牺牲都是毫无价值的。倘若日军能在它最后一次出击时大规模动用神风特攻队攻击第 58 特混舰队，那么这艘战列舰的牺牲也许就还有些价值。但事实是，1945 年 4 月 7 日当天，只有 54 架神风特攻队的自杀式飞机出动，且其中只有半数发现了目标。

公允地说，第二次世界大战期间的任何战列舰都无法在"大和"号或"武藏"号所遭遇的如此高烈度的空袭中幸存下来。但这两艘战列舰在设计上也的确存在致命缺陷，例如舰体防鱼雷结构：一方面，舰体主装甲带与防鱼雷鼓包的接合部位过于脆弱，难以承受高强度冲击；另一方面，防鱼雷鼓包中没有像同期其他战列舰一样充满液体，而是注入了空气，无法有效吸收鱼雷爆炸时的能量，缓解舰体受到的冲击。实际上，日军高层对这些缺陷心知肚明，但他们选择了回避，因为改变结构设计必然会导致交付时间延后，而从整个战争局势的角度看，这样的结果也许更加无法容忍。日军非常重视以反向注水为主的损管措施，但大和级的相关设施 / 设备并没能达到设计要求。在舰体严重倾斜时，它的注排水系统充其量只能向对侧空舱室注入相当于设计值 55% 的海水（指体积）。

此外，大和级未加装甲防护的舰艇区也存在极大安全隐患。由于单个水密隔舱设计空间过大，一旦发生破损，大量涌入的海水就会严重影响舰体平衡。

更重要的是，日军在设计大和级的过程中对鱼雷技术的发展考虑不足。美军后期投入战场的 600lb Torpex 装药鱼雷（威力超过 TNT 装药）的爆炸能量远远超过了大和级防鱼雷系统的承受能力。即使大和级拥有相当可观的排水量，装甲所占的比重也不可能太大。换言之，无论装甲多么厚重，无论结构设计多么精巧，一艘战列舰的防御力总归是有上限的。考虑到美国海军在 1944—1945 年所发起的历次空袭行动强度之大，其实没有任何一艘同期战列舰能全身而退。

▶ 1944 年 10 月 25 日，"武藏"号战列舰葬身锡布延海的第二天，"大和"号战列舰遭到空袭。图中可见，一架来自"卡达山"号护航航母（USS Kadashan，CVE-76）VC-20 中队的"复仇者"鱼雷轰炸机正以 1500ft（457m）高度接近位于萨马岛外海的"大和"号。这幅照片刚好展现了鱼雷轰炸机攻击目标时的飞行员视角

尾声

"大和"号战列舰的沉没宣告了大炮巨舰时代的落幕。它与姊妹舰"武藏"号的相继覆灭无疑表明，根本没有所谓"永不沉没"的战列舰。

实际上，在"大和"号建造之初，日本帝国海军内部就有人认为这会沦为一次"灾难性的投资"，而他们的担忧最终成真。这艘战列舰从来没有像日本人期望的那样，以不可一世的姿态向美国海军战列舰倾泻炮弹。在短暂且庸碌的服役生涯中，"大和"号的 460mm 口径主炮只获得了一次瞄准水上目标的机会：1944 年 10 月 25 日，它在萨马岛外海对一艘不起眼的美军护航航母进行了炮击。至于那次是否击中了目标，直到今天仍然是个悬案。

"大和"号的最后一战毫无价值，美军以极小的代价击沉了它。日军设想靠"大和"号吸引美军太平洋舰队航母部队的注意，为自杀式飞机创造攻击机会，这显然是极其荒谬的想法。"大和"号无助殒命后，帝国海军在所谓的"本土决战"中所能仰仗的，也就只有那些像没头苍蝇一样乱撞的自杀式飞机了。

"武藏"号无疑比"大和"号幸运些，它至少在战斗中证明了自己，让美国人明白了击沉一艘重甲防护的超级战列舰有多么艰难。更重要的是，"武藏"号以一己之躯为"捷一号"作战计划的实施创造了难能可贵的机会，正是因为它在 1944 年 10 月 24 日的锡布延海空袭中成为美军舰载机群的围攻对象，才使第 1 游击部队的其他舰艇顺利杀入菲律宾海，进而让日本人产生了即将"大获全胜"的幻觉。然而，有一点是非常清楚的，即使第 1 游击部队主力攻入莱特湾，也不可能扭转战局；相反，那样的话，整个栗田健男舰队就都会被困在海湾里，而等待他们的只有全军覆没。似乎可以这样总结，第 1 游击部队的官兵做出了巨大牺牲，但"捷一号"作战计划本身却辜负了他们。

▲ 1944 年 10 月 26 日，日本帝国海军第 1 游击部队从锡布延海撤退时，美国海军"地狱潜行者"俯冲轰炸机正用 1000lb 炸弹攻击重型巡洋舰"熊野"号。这次战斗发生在民都洛岛以南的塔布拉斯海峡。日方资料显示，这艘重型巡洋舰被 3 枚 500lb 炸弹击中（如果情况属实，那么这些炸弹可能来自参与空袭的 12 架"地狱猫"战斗机），遭到严重损坏。参与空袭的 TBM-1C "复仇者"鱼雷轰炸机群抱憾而归，鱼雷无一中的。"熊野"号最终回到港口接受维修，这显然又是一起"仅用炸弹很难击沉战舰"的典型案例

对美国人而言，历经战火洗礼的航母最终成为海军作战力量的核心。时至今日，航母之于一支海军，乃至一个国家的战略地位依然没有动摇。与此同时，战列舰的消亡也标志着鱼雷轰炸机的生命走到了尽头。大战结束后不久，"复仇者"鱼雷轰炸机便陆续退出现役，像 F4U "海盗"这样的多用途战斗机主宰了战场。而新一代攻击机，例如 AD "空中袭击者"，在继承了"地狱潜行者"俯冲轰炸机诸多优点的同时，也摆脱了一些设计上的束缚，得以在综合性能上远远超越前辈。

尽管太平洋战争结束后原本的设计使命便戛然而止，但"复仇者"们的军旅生涯并没有就此终结，它们大多变身为岸基飞机，转而执行巡逻监视和反潜任务，直到 1954 年才全面退出历史舞台。而有些执行非军事任务的"复仇者"甚至服役了更长时间。

颇为讽刺的是，服役之初背负了诸多非议的"地狱潜行者"们，直到战后仍然是美国海军的主力战机。但美好的时光注定短暂，1949 年，最后一架"地狱潜行者"退出了现役。与"复仇者"们相似，战后的"地狱潜行者"们也经历了一段在盟国空军服役的日子。

扩展阅读书目

Astor, Gerald, *Wings of Gold* (Presidio Press, New York, 2004)

Branfill-Cook, Roger, *Torpedo* (Seaforth Publishing, Barnsley, 2014)

Campbell, John, *Naval Weapons of World War Two* (Naval Institute Press, Annapolis, 2002)

Chihaya, Matsataka, *Warships in Profile, Volume 3 – IJN Yamato and Musashi* (Doubleday & Company Inc, Garden City, New York, 1974)

Doyle, David, *SB2C Helldiver in Action* (Squadron/Signal Publications, Carrollton, Texas, 1982)

Doyle, David, *TBF/TBM Avenger in Action* (Squadron/Signal Publications, Carrollton, Texas, 2012)

Eden, Paul (editor), *The Encyclopedia of Aircraft of World War II* (Amber Books, London, 2004)

Field, James A., *The Japanese at Leyte Gulf* (Princeton University Press, Princeton, 1947)

Fletcher, Gregory G., *Intrepid Aviators* (NAL Caliber, New York, 2012)

Friedman, Norman, *Naval Anti-Aircraft Guns and Gunnery* (Naval Institute Press, Annapolis, 2013)

Garzke, William H. and Dulin, Robert O., *Battleships* (Naval Institute Press, Annapolis, 1985)

Mitsura, Yoshida, *Requiem for Battleship Yamato* (Naval Institute Press, Annapolis, 1999)

Morison, Samuel Eliot, *Leyte – Volume XII in the History of United States Naval Operations in World War II* (Little, Brown and Company, Boston, 1975)

Morison, Samuel Eliot, *Victory in the Pacific – Volume XIV in the History of United States Naval Operations in World War II* (Little, Brown and Company, Boston, 1975)

Reynolds, Clark G., *The Fast Carriers* (Naval Institute Press, Annapolis, 1992)

Reynolds, Clark G., *William F. Halsey, Jr – The Great Admirals* (Naval Institute Press, Annapolis, 1997)

Skulski, Janusz, *The Battleship Yamato* (Naval Institute Press, Annapolis, 1988)

Spurr, Russell, *A Glorious Way to Die* (Newmarket Press, New York, 1981)

Stille, Mark, *Imperial Japanese Navy Battleships 1941–45* (Osprey Publishing, Oxford, 2008)

Thomas, Geoff, *US Navy Carrier Aircraft Colours* (Air Research Publications, New Malden, 1989)

Thornton, Tim, *Air Power: The Sinking of IJN Battleship Musashi – Warship XII* (Naval Institute Press, Annapolis, 1991)

Thornton, Tim, *The Sinking of Yamato – Warship 1989* (Naval Institute Press, Annapolis, 1989)

Thornton, Tim, *Yamato: The Achilles' Heel – Warship XI* (Naval Institute Press, Annapolis, 1990)

Tillman, Barrett, *Osprey Combat Aircraft 3 – Helldiver Units of World War 2* (Osprey Publishing, Oxford, 1997)

Tillman, Barrett, *Osprey Combat Aircraft 16 – TBF/TBM Avenger Units of World War 2* (Osprey Publishing, Oxford, 1999)

Tillman, Barrett, *US Navy Fighter Squadrons in World War II* (Specialty Press, North Branch, 1997)

US Naval Technical Mission to Japan, Report S-06-3, *Reports of Damage to Japanese Warships, Article 2* (1946)

Wildenberg, Thomas and Polmar, Norman, *Ship Killers* (Naval Institute Press, Annapolis, 2010)

Yoshimura, Akira, *Build the Musashi* (Kodansha International, Tokyo, 1991)